Aushangpflichtige Unfallverhütungsvorschriften

Textsammlung wichtiger Vorschriften zum Aushängen

Stand: Februar 2024

ecomed
SICHERHEIT

Bibliografische Informationen der Deutschen Nationalbibliothek
Die Deutsche Nationalbibliothek verzeichnet diese Publikation in der Deutschen Nationalbibliografie; detaillierte bibliografische Daten sind im Internet über <http://dnb.de> abrufbar.

Bei der Herstellung des Werkes haben wir uns zukunftsbewusst für umweltverträgliche und wiederverwertbare Materialien entschieden. Der Inhalt ist auf chlorfreiem Papier gedruckt.

ISBN 978-3-609-69226-5

E-Mail: kundenservice@ecomed-storck.de

Telefon: 089/2183-7922
Telefax: 089/2183-7620

4. Auflage 2024

www.ecomed-storck.de

Umschlagsbild: psdesign1-fotolia.com

Satz: preXtension GbR, Grafrath
Druck: CPI books GmbH, Leck

Inhalt

Einführung

Für eine Reihe von Gesetzen besteht eine Aushangpflicht seitens des Arbeitgebers, damit sich die Arbeitnehmer über die Inhalte der Gesetze – und damit über ihre Rechte und Pflichten – informieren können. Das heißt, der Arbeitgeber muss in seinem Betrieb bzw. Dienststelle diese Vorschriften jederzeit zugänglich halten, also entweder am Schwarzen Brett aushängen oder an einer anderen geeigneten Stelle so auslegen, dass die Vorschriften jederzeit von allen Beschäftigten eingesehen werden können. Um der Aushangpflicht in vollem Umfang Genüge zu leisten, müssen die Vorschriften außerdem in der jeweils aktuellen Fassung vorliegen.

Ist ein unterlassener oder fehlerhafter Aushang ursächlich für einen Schaden eines Arbeitnehmers, kann dies zivilrechtliche Folgen für den Arbeitgeber haben (z. B. Schadensersatzpflicht). In den meisten aushangpflichtigen Gesetzen ist ein Verstoß gegen die Aushangpflicht eine bußgeldbewehrte Ordnungswidrigkeit.

Unfallverhütungsvorschriften

Neben der Normsetzung des Staates können auch die Unfallversicherungsträger nach § 15 SGB VII als autonomes Recht Vorschriften über Maßnahmen zur Verhütung von Arbeitsunfällen, Berufskrankheiten und arbeitsbedingten Gesundheitsgefahren oder für eine wirksame Erste Hilfe erlassen, soweit dies zur Prävention geeignet und erforderlich ist und staatliche Arbeitsschutzvorschriften hierüber keine Regelung treffen. Diese Unfallverhütungsvorschriften sind für die betroffenen Unternehmen verbindliche Rechtsnormen, deren Nichteinhaltung Ordnungswidrigkeiten darstellen, die mit Geldbußen geahndet werden können.

Unterrichtungspflicht des Unternehmers

Der Arbeitgeber muss gem. § 12 ArbSchG die Beschäftigten über Sicherheit und Gesundheitsschutz bei der Arbeit während ihrer Arbeitszeit ausreichend und angemessen unterweisen. Zu dieser Unterweisungspflicht gehört auch, dass er die Beschäftigten über die Unfallverhütungsvorschriften unterrichtet, damit die darin festgelegten Maßnahmen zum Schutze der Gesundheit bei der Arbeit umgesetzt werden können. Diese Arbeitgeberpflicht regelt – bezogen auf die Unfallverhütungsvorschriften – auch § 15 Abs. 2 SGB VII. Die DGUV Vorschrift 1 konkretisiert in § 12 Abs. 1 diese Pflicht dergestalt, dass die Unternehmer den Versicherten die für das Unternehmen geltenden Unfallverhütungsvorschriften an geeigneter Stelle zugänglich zu machen haben. Die Versicherten müssen also die Möglichkeit haben, die berufsgenossenschaftlichen Vorschriften jederzeit einzusehen. Am einfachsten geschieht dies durch Aushang, kann aber auch auf elektronischem Wege erfolgen.

Hinweise des Verlags

Die vorliegende Broschüre enthält die für Betriebe aller Branchen relevanten Vorschriften sowie Vorschriften für Kassen, Schulen und Feuerwehren. Die Aufnahme der branchenspezifischen Schriften würde den Rahmen dieser Broschüre sprengen und außerdem einer betriebsspezifischen Auswahl entgegenstehen. Da aber auch hier die Pflichten aus dem SGB VII und der DGUV Vorschrift 1 gelten, bietet der Verlag die Möglichkeit an, diese Vorschriften je nach Bedarf und Unternehmensausrichtung als aktuellen Download zu beziehen. So können Sie die für Ihr Unternehmen relevanten Vorschriften als individuelle Zusammenstellung Ihren Mitarbeitern zur Kenntnis bringen. Für weitere Informationen wenden Sie sich bitte per E-Mail an lizenzen@ecomed-storck.de oder per Telefon unter 08191/125-888.

Die Textsammlung berücksichtigt alle bis zum Redaktionsschluss (15.11.2023) vorliegenden Änderungen der abgedruckten Vorschriften.

Siebtes Buch Sozialgesetzbuch – Gesetzliche Unfallversicherung

– Auszug –

vom 7. August 1996 (BGBl. I 1996 S. 1254)

zuletzt geändert am 17.7.2023 (BGBl. I Nr. 191)

§ 15
Unfallverhütungsvorschriften

(1) Die Unfallversicherungsträger können unter Mitwirkung der Deutschen Gesetzlichen Unfallversicherung e. V. als autonomes Recht Unfallverhütungsvorschriften über Maßnahmen zur Verhütung von Arbeitsunfällen, Berufskrankheiten und arbeitsbedingten Gesundheitsgefahren oder für eine wirksame Erste Hilfe erlassen, soweit dies zur Prävention geeignet und erforderlich ist und staatliche Arbeitsschutzvorschriften hierüber keine Regelung treffen; in diesem Rahmen können Unfallverhütungsvorschriften erlassen werden über

1. Einrichtungen, Anordnungen und Maßnahmen, welche die Unternehmer zur Verhütung von Arbeitsunfällen, Berufskrankheiten und arbeitsbedingten Gesundheitsgefahren zu treffen haben, sowie die Form der Übertragung dieser Aufgaben auf andere Personen,
2. das Verhalten der Versicherten zur Verhütung von Arbeitsunfällen, Berufskrankheiten und arbeitsbedingten Gesundheitsgefahren,
3. vom Unternehmer zu veranlassende arbeitsmedizinische Untersuchungen und sonstige arbeitsmedizinische Maßnahmen vor, während und nach der Verrichtung von Arbeiten, die für Versicherte oder für Dritte mit arbeitsbedingten Gefahren für Leben und Gesundheit verbunden sind,
4. Voraussetzungen, die der Arzt, der mit Untersuchungen oder Maßnahmen nach Nummer 3 beauftragt ist, zu erfüllen hat, sofern die ärztliche Untersuchung nicht durch eine staatliche Rechtsvorschrift vorgesehen ist,
5. die Sicherstellung einer wirksamen Ersten Hilfe durch den Unternehmer,
6. die Maßnahmen, die der Unternehmer zur Erfüllung der sich aus dem Gesetz über Betriebsärzte, Sicherheitsingenieure und andere Fachkräfte für Arbeitssicherheit ergebenden Pflichten zu treffen hat,
7. die Zahl der Sicherheitsbeauftragten, die nach § 22 unter Berücksichtigung der in den Unternehmen für Leben und Gesundheit der Versicherten bestehenden arbeitsbedingten Gefahren und der Zahl der Beschäftigten zu bestellen sind.

In der Unfallverhütungsvorschrift nach Satz 1 Nr. 3 kann bestimmt werden, dass arbeitsmedizinische Vorsorgeuntersuchungen auch durch den Unfallversicherungsträger veranlasst werden können. Die Deutsche Gesetzliche Unfallversicherung e. V. wirkt beim Erlass von Unfallverhütungsvorschriften auf Rechtseinheitlichkeit hin.

(1a) In der landwirtschaftlichen Unfallversicherung ist Absatz 1 mit der Maßgabe anzuwenden, dass Unfallverhütungsvorschriften von der landwirtschaftlichen Berufsgenossenschaft erlassen werden.

(2) Soweit die Unfallversicherungsträger Vorschriften nach Absatz 1 Satz 1 Nr. 3 erlassen, können sie zu den dort genannten Zwecken auch die Erhebung, Verarbeitung und Nutzung von folgenden Daten über die untersuchten Personen durch den Unternehmer vorsehen:

1. Vor- und Familienname, Geburtsdatum sowie Geschlecht,

2. Wohnanschrift,
3. Tag der Einstellung und des Ausscheidens,
4. Ordnungsnummer,
5. zuständige Krankenkasse,
6. Art der vom Arbeitsplatz ausgehenden Gefährdungen,
7. Art der Tätigkeit mit Angabe des Beginns und des Endes der Tätigkeit,
8. Angaben über Art und Zeiten früherer Tätigkeiten, bei denen eine Gefährdung bestand, soweit dies bekannt ist,
9. Datum und Ergebnis der ärztlichen Vorsorgeuntersuchungen; die Übermittlung von Diagnosedaten an den Unternehmer ist nicht zulässig,
10. Datum der nächsten regelmäßigen Nachuntersuchung,
11. Name und Anschrift des untersuchenden Arztes.

Soweit die Unfallversicherungsträger Vorschriften nach Absatz 1 Satz 2 erlassen, gelten Satz 1 sowie § 24 Abs. 1 Satz 3 und 4 entsprechend.

(3) Absatz 1 Satz 1 Nr. 1 bis 5 gilt nicht für die unter bergbehördlicher Aufsicht stehenden Unternehmen.

(4) Die Vorschriften nach Absatz 1 bedürfen der Genehmigung durch das Bundesministerium für Arbeit und Soziales. Die Entscheidung hierüber wird im Benehmen mit den zuständigen obersten Verwaltungsbehörden der Länder getroffen. Soweit die Vorschriften von einem Unfallversicherungsträger erlassen werden, welcher der Aufsicht eines Landes untersteht, entscheidet die zuständige oberste Landesbehörde über die Genehmigung im Benehmen mit dem Bundesministerium für Arbeit und Soziales. Die Genehmigung ist zu erteilen, wenn die Vorschriften sich im Rahmen der Ermächtigung nach Absatz 1 halten und ordnungsgemäß von der Vertreterversammlung beschlossen worden sind. Der Erfüllung der Genehmigungsvoraussetzungen nach Satz 4 ist im Antrag auf Erteilung der Genehmigung darzulegen. Dabei hat der Unfallversicherungsträger insbesondere anzugeben, dass

1. eine Regelung der in den Vorschriften vorgesehenen Maßnahmen in staatlichen Arbeitsschutzvorschriften nicht zweckmäßig ist,
2. das mit den Vorschriften angestrebte Präventionsziel ausnahmsweise nicht durch Regeln erreicht wird, die von einem gemäß § 18 Abs. 2 Nr. 5 des Arbeitsschutzgesetzes eingerichteten Ausschuss ermittelt werden, und
3. die nach Nummer 1 und 2 erforderlichen Feststellungen in einem besonderen Verfahren unter Beteiligung von Arbeitsschutzbehörden des Bundes und der Länder getroffen worden sind.

Für die Angabe nach Satz 6 reicht bei Unfallverhütungsvorschriften nach Absatz 1 Satz 1 Nr. 6 ein Hinweis darauf aus, dass das Bundesministerium für Arbeit und Soziales von der Ermächtigung zum Erlass einer Rechtsverordnung nach § 14 des Gesetzes über Betriebsärzte, Sicherheitsingenieure und andere Fachkräfte für Arbeitssicherheit keinen Gebrauch macht.

(5) Die Unternehmer sind über die Vorschriften nach Absatz 1 zu unterrichten und zur Unterrichtung der Versicherten verpflichtet.

...

§ 209
Bußgeldvorschriften

(1) Ordnungswidrig handelt, wer vorsätzlich oder fahrlässig

1. einer Unfallverhütungsvorschrift nach § 15 Abs. 1 oder 2 zuwiderhandelt, soweit sie für einen bestimmten Tatbestand auf diese Bußgeldvorschrift verweist,
2. einer vollziehbaren Anordnung nach § 19 Abs. 1 zuwiderhandelt,
3. entgegen § 19 Abs. 1 Satz 2 eine Maßnahme nicht duldet,
4. entgegen § 138 die Versicherten nicht unterrichtet,
5. entgegen § 165 Abs. 1 Satz 1 in Verbindung mit einer Satzung nach Satz 2 oder 3 oder entgegen

§ 194 eine Meldung nicht, nicht richtig, nicht vollständig, nicht in der vorgeschriebenen Weise oder nicht rechtzeitig macht,
6. entgegen § 165 Absatz 2 Satz 1 in Verbindung mit einer Satzung nach § 34 Absatz 1 Satz 1 des Vierten Buches einen dort genannten Nachweis nicht, nicht richtig, nicht vollständig oder nicht rechtzeitig einreicht,
7. entgegen § 165 Abs. 4 eine Aufzeichnung nicht führt oder nicht oder nicht mindestens fünf Jahre aufbewahrt,
7a. entgegen § 183 Absatz 6 Satz 1 in Verbindung mit einer Satzung nach § 34 Absatz 1 Satz 1 des Vierten Buches eine Auskunft nicht, nicht richtig, nicht vollständig oder nicht rechtzeitig gibt,
8. entgegen § 192 Abs. 1 Nr. 1 bis 3 oder Abs. 4 Satz 1 eine Mitteilung nicht, nicht richtig, nicht vollständig oder nicht rechtzeitig macht,
9. entgegen § 193 Abs. 1 Satz 1, auch in Verbindung mit Satz 2, Abs. 2, 3 Satz 2, Abs. 4 oder 6 eine Anzeige nicht, nicht richtig oder nicht rechtzeitig erstattet,
10. entgegen § 193 Abs. 9 einen Unfall nicht in das Schiffstagebuch einträgt, nicht darstellt oder nicht in einer besonderen Niederschrift nachweist oder
11. entgegen § 198 oder 203 Abs. 1 Satz 1 eine Auskunft nicht, nicht richtig, nicht vollständig oder nicht rechtzeitig erteilt.

In den Fällen der Nummer 5, die sich auf geringfügige Beschäftigungen in Privathaushalten im Sinne von § 8a des Vierten Buches beziehen, findet § 266a Abs. 2 des Strafgesetzbuches keine Anwendung.

(2) Ordnungswidrig handelt, wer als Unternehmer Versicherten Beiträge ganz oder zum Teil auf das Arbeitsentgelt anrechnet.

(3) Die Ordnungswidrigkeit kann in den Fällen des Absatzes 1 Nr. 1 bis 3 mit einer Geldbuße bis zu zehntausend Euro, in den Fällen des Absatzes 2 mit einer Geldbuße bis zu fünftausend Euro, in den übrigen Fällen mit einer Geldbuße bis zu zweitausendfünfhundert Euro geahndet werden.

DGUV Vorschrift 1 – Grundsätze der Prävention

vom Oktober 2014

Erstes Kapitel
Allgemeine Vorschriften

§ 1
Geltungsbereich von Unfallverhütungsvorschriften

(1) Unfallverhütungsvorschriften gelten für Unternehmer und Versicherte; sie gelten auch

- für Unternehmer und Beschäftigte von ausländischen Unternehmen, die eine Tätigkeit im Inland ausüben, ohne einem Unfallversicherungsträger anzugehören;
- soweit in dem oder für das Unternehmen Versicherte tätig werden, für die ein anderer Unfallversicherungsträger zuständig ist.

(2) Für Unternehmer mit Versicherten nach § 2 Absatz 1 Nummer 8 Buchstabe b Sozialgesetzbuch Siebtes Buch (SGB VII) gilt diese Unfallverhütungsvorschrift nur, soweit nicht der innere Schulbereich betroffen ist.

Zweites Kapitel
Pflichten des Unternehmers

§ 2
Grundpflichten des Unternehmers

(1) Der Unternehmer hat die erforderlichen Maßnahmen zur Verhütung von Arbeitsunfällen, Berufskrankheiten und arbeitsbedingten Gesundheitsgefahren sowie für eine wirksame Erste Hilfe zu treffen. Die zu treffenden Maßnahmen sind insbesondere in staatlichen Arbeitsschutzvorschriften (Anlage 1), dieser Unfallverhütungsvorschrift und in weiteren Unfallverhütungsvorschriften näher bestimmt. Die in staatlichem Recht bestimmten Maßnahmen gelten auch zum Schutz von Versicherten, die keine Beschäftigten sind.

(2) Der Unternehmer hat bei den Maßnahmen nach Absatz 1 von den allgemeinen Grundsätzen nach § 4 Arbeitsschutzgesetz auszugehen und dabei vorrangig das staatliche Regelwerk sowie das Regelwerk der Unfallversicherungsträger heranzuziehen.

(3) Der Unternehmer hat die Maßnahmen nach Absatz 1 entsprechend den Bestimmungen des § 3 Absatz 1 Sätze 2 und 3 und Absatz 2 Arbeitsschutzgesetz zu planen, zu organisieren, durchzuführen und erforderlichenfalls an veränderte Gegebenheiten anzupassen.

(4) Der Unternehmer darf keine sicherheitswidrigen Weisungen erteilen.

(5) Kosten für Maßnahmen nach dieser Unfallverhütungsvorschrift und den für ihn sonst geltenden Unfallverhütungsvorschriften darf der Unternehmer nicht den Versicherten auferlegen.

§ 3
Beurteilung der Arbeitsbedingungen, Dokumentation, Auskunftspflichten

(1) Der Unternehmer hat durch eine Beurteilung der für die Versicherten mit ihrer Arbeit verbundenen Gefährdungen entsprechend § 5 Absatz 2 und 3 Arbeitsschutzgesetz zu ermitteln, welche Maßnahmen nach § 2 Absatz 1 erforderlich sind.

(2) Der Unternehmer hat Gefährdungsbeurteilungen insbesondere dann zu überprüfen, wenn sich die betrieblichen Gegebenheiten hinsichtlich Sicherheit und Gesundheitsschutz verändert haben.

(3) Der Unternehmer hat entsprechend § 6 Absatz 1 Arbeitsschutzgesetz das Ergebnis der Gefährdungsbeurteilung nach Absatz 1, die von ihm festgelegten Maßnahmen und das Ergebnis ihrer Überprüfung zu dokumentieren.

(4) Der Unternehmer hat dem Unfallversicherungsträger alle Informationen über die im Betrieb getroffenen Maßnahmen des Arbeitsschutzes auf Wunsch zur Kenntnis zu geben.

(5) Für Personen, die in Unternehmen zur Hilfe bei Unglücksfällen oder im Zivilschutz unentgeltlich tätig werden, hat der Unternehmer, der für die vorgenannten Personen zuständig ist, Maßnahmen zu ergreifen, die denen nach Absatz 1 bis 4 gleichwertig sind.

§ 4
Unterweisung der Versicherten

(1) Der Unternehmer hat die Versicherten über Sicherheit und Gesundheitsschutz bei der Arbeit, insbesondere über die mit ihrer Arbeit verbundenen Gefährdungen und die Maßnahmen zu ihrer Verhütung, entsprechend § 12 Absatz 1 Arbeitsschutzgesetz sowie bei einer Arbeitnehmerüberlassung entsprechend § 12 Absatz 2 Arbeitsschutzgesetz zu unterweisen; die Unterweisung muss erforderlichenfalls wiederholt werden, mindestens aber einmal jährlich erfolgen; sie muss dokumentiert werden.

(2) Der Unternehmer hat den Versicherten die für ihren Arbeitsbereich oder für ihre Tätigkeit relevanten Inhalte der geltenden Unfallverhütungsvorschriften und Regeln der Unfallversicherungsträger sowie des einschlägigen staatlichen Vorschriften- und Regelwerks in verständlicher Weise zu vermitteln.

(3) Der Unternehmer nach § 136 Absatz 3 Nummer 3 Alternative 2 Sozialgesetzbuch Siebtes Buch (SGB VII) hat den Schulhoheitsträger hinsichtlich Unterweisungen für Versicherte nach § 2 Absatz 1 Nummer 8 Buchstabe b SGB VII zu unterstützen.

§ 5
Vergabe von Aufträgen

(1) Erteilt der Unternehmer den Auftrag,

1. Einrichtungen zu planen, herzustellen, zu ändern oder in Stand zu setzen,
2. Arbeitsverfahren zu planen oder zu gestalten,

so hat er dem Auftragnehmer schriftlich aufzugeben, die in § 2 Absatz 1 und 2 genannten für die Durchführung des Auftrags maßgeblichen Vorgaben zu beachten.

(2) Erteilt der Unternehmer den Auftrag, Arbeitsmittel, Ausrüstungen oder Arbeitsstoffe zu liefern, so hat er dem Auftragnehmer schriftlich aufzugeben, im Rahmen seines Auftrags die für Sicherheit und Gesundheitsschutz einschlägigen Anforderungen einzuhalten.

(3) Bei der Erteilung von Aufträgen an ein Fremdunternehmen hat der den Auftrag erteilende Unternehmer den Fremdunternehmer bei der Gefährdungsbeurteilung bezüglich der betriebsspezifischen Gefahren zu unterstützen. Der Unternehmer hat ferner sicherzustellen, dass Tätigkeiten mit besonderen Gefahren durch Aufsichtführende überwacht werden, die die Durchführung der festgelegten Schutzmaßnahmen sicherstellen. Der Unternehmer hat ferner mit dem Fremdunternehmen Einvernehmen herzustellen, wer den Aufsichtführenden zu stellen hat.

§ 6
Zusammenarbeit mehrerer Unternehmer

(1) Werden Beschäftigte mehrerer Unternehmer oder selbstständige Einzelunternehmer an einem Arbeitsplatz tätig, haben die Unternehmer hinsichtlich der Sicherheit und des Gesundheitsschutzes der Beschäftigten, insbesondere hinsichtlich der Maßnahmen nach § 2 Absatz 1, entsprechend § 8 Absatz 1 Arbeitsschutzgesetz zusammenzuarbeiten. Insbesondere haben sie, soweit es zur Vermeidung einer möglichen gegenseitigen Gefährdung erforderlich ist, eine Person zu bestimmen, die die Arbeiten aufeinander abstimmt; zur Abwehr besonderer Gefahren ist sie mit entsprechender Weisungsbefugnis auszustatten.

(2) Der Unternehmer hat sich je nach Art der Tätigkeit zu vergewissern, dass Personen, die in seinem Betrieb tätig werden, hinsichtlich der Gefahren für ihre Sicherheit und Gesundheit während ihrer Tätigkeit in seinem Betrieb angemessene Anweisungen erhalten haben.

§ 7
Befähigung für Tätigkeiten

(1) Bei der Übertragung von Aufgaben auf Versicherte hat der Unternehmer je nach Art der Tätigkeiten zu berücksichtigen, ob die Versicherten befähigt sind, die für die Sicherheit und den Gesundheitsschutz bei der Aufgabenerfüllung zu beachtenden Bestimmungen und Maßnahmen einzuhalten. Der Unternehmer hat die für bestimmte Tätigkeiten festgelegten Qualifizierungsanforderungen zu berücksichtigen.

(2) Der Unternehmer darf Versicherte, die erkennbar nicht in der Lage sind, eine Arbeit ohne Gefahr für sich oder andere auszuführen, mit dieser Arbeit nicht beschäftigen.

§ 8
Gefährliche Arbeiten

(1) Wenn eine gefährliche Arbeit von mehreren Personen gemeinschaftlich ausgeführt wird und sie zur Vermeidung von Gefahren eine gegenseitige Verständigung erfordert, hat der Unternehmer dafür zu sorgen, dass eine zuverlässige, mit der Arbeit vertraute Person die Aufsicht führt.

(2) Wird eine gefährliche Arbeit von einer Person allein ausgeführt, so hat der Unternehmer über die allgemeinen Schutzmaßnahmen hinaus für geeignete technische oder organisatorische Personenschutzmaßnahmen zu sorgen.

§ 9
Zutritts- und Aufenthaltsverbote

Der Unternehmer hat dafür zu sorgen, dass Unbefugte Betriebsteile nicht betreten, wenn dadurch eine Gefahr für Sicherheit und Gesundheit entsteht.

§ 10
Besichtigung des Unternehmens, Erlass einer Anordnung, Auskunftspflicht

(1) Der Unternehmer hat den Aufsichtspersonen des Unfallversicherungsträgers die Besichtigung seines Unternehmens zu ermöglichen und sie auf ihr Verlangen zu begleiten oder durch einen geeigneten Vertreter begleiten zu lassen.

(2) Erlässt die Aufsichtsperson des Unfallversicherungsträgers eine Anordnung und setzt sie hierbei eine Frist, innerhalb der die verlangten Maßnahmen zu treffen sind, so hat der Unternehmer nach Ablauf der Frist unverzüglich mitzuteilen, ob er die verlangten Maßnahmen getroffen hat.

(3) Der Unternehmer hat den Aufsichtspersonen des Unfallversicherungsträgers auf Verlangen die zur Durchführung ihrer Überwachungsaufgabe erforderlichen Auskünfte zu erteilen. Er hat die Aufsichtspersonen zu unterstützen, soweit dies zur Erfüllung ihrer Aufgaben erforderlich ist.

§ 11
Maßnahmen bei Mängeln

Tritt bei einem Arbeitsmittel, einer Einrichtung, einem Arbeitsverfahren bzw. Arbeitsablauf ein Mangel auf, durch den für die Versicherten sonst nicht abzuwendende Gefahren entstehen, hat der Unternehmer das Arbeitsmittel oder die Einrichtung der weiteren Benutzung zu entziehen oder stillzulegen bzw. das Arbeitsverfahren oder den Arbeitsablauf abzubrechen, bis der Mangel behoben ist.

§ 12
Zugang zu Vorschriften und Regeln

(1) Der Unternehmer hat den Versicherten die für sein Unternehmen geltenden Unfallverhütungsvorschriften und Regeln der Unfallversicherungsträger sowie die einschlägigen staatlichen Vorschriften und Regeln an geeigneter Stelle zugänglich zu machen.

(2) Der Unternehmer hat den mit der Durchführung und Unterstützung von Maßnahmen nach § 2 Absatz 1 betrauten Personen die nach dem Ergebnis der Gefährdungsbeurteilung (§ 3 Absatz 1 und 2) für ihren Zuständigkeitsbereich geltenden Vorschriften und Regeln zur Verfügung zu stellen.

§ 13
Pflichtenübertragung

Der Unternehmer kann zuverlässige und fachkundige Personen schriftlich damit beauftragen, ihm nach Unfallverhütungsvorschriften obliegende Aufgaben in eigener Verantwortung wahrzunehmen. Die Beauftragung muss den Verantwortungsbereich und Befugnisse festlegen und ist vom Beauftragten zu unterzeichnen. Eine Ausfertigung der Beauftragung ist ihm auszuhändigen.

§ 14
Ausnahmen

(1) Der Unternehmer kann bei dem Unfallversicherungsträger im Einzelfall Ausnahmen von Unfallverhütungsvorschriften schriftlich beantragen. Dem Antrag ist eine Stellungnahme der betrieblichen Arbeitnehmervertretung beizufügen; im Falle eines Antrages durch eine Kindertageseinrichtung, eine allgemeinbildende oder berufsbildende Schule oder eine Hochschule ist zusätzlich der Leitung der Einrichtung Gelegenheit zur Stellungnahme zu geben.

(2) Der Unfallversicherungsträger kann dem Antrag nach Absatz 1 entsprechen, wenn

1. der Unternehmer eine andere, ebenso wirksame Maßnahme trifft oder
2. die Durchführung der Vorschriften im Einzelfall zu einer unverhältnismäßigen Härte führen würde und die Abweichung mit dem Schutz der Versicherten vereinbar ist.

(3) Betrifft der Antrag nach Absatz 1 Regelungen in Unfallverhütungsvorschriften, die zugleich Gegenstand staatlicher Arbeitsschutzvorschriften sind, hat der Unfallversicherungsträger eine Stellungnahme der für die Durchführung der staatlichen Arbeitsschutzvorschriften zuständigen staatlichen Arbeitsschutzbehörde einzuholen und zu berücksichtigen.

(4) In staatlichen Arbeitsschutzvorschriften enthaltene Verfahrensvorschriften, insbesondere über Genehmigungen, Erlaubnisse, Ausnahmen, Anzeigen und Vorlagepflichten, bleiben von dieser Unfallverhütungsvorschrift unberührt; die nach diesen Bestimmungen zu treffenden behördlichen Maßnahmen obliegen den zuständigen Arbeitsschutzbehörden.

Drittes Kapitel
Pflichten der Versicherten

§ 15
Allgemeine Unterstützungspflichten und Verhalten

(1) Die Versicherten sind verpflichtet, nach ihren Möglichkeiten sowie gemäß der Unterweisung und Weisung des Unternehmers für ihre Sicherheit und Gesundheit bei der Arbeit sowie für Sicherheit und Gesundheitsschutz derjenigen zu sorgen, die von ihren Handlungen oder Unterlassungen betroffen sind. Die Versicherten haben die Maßnahmen zur Verhütung von Arbeitsunfällen, Berufskrankheiten und arbeitsbedingten Gesundheitsgefahren sowie für eine wirksame Erste Hilfe zu unterstützen. Versicherte haben die entsprechenden Anweisungen des Unternehmers zu befolgen. Die Versicherten dürfen erkennbar gegen Sicherheit und Gesundheit gerichtete Weisungen nicht befolgen.

(2) Versicherte dürfen sich durch den Konsum von Alkohol, Drogen oder anderen berauschenden Mitteln nicht in einen Zustand versetzen, durch den sie sich selbst oder andere gefährden können.

(3) Absatz 2 gilt auch für die Einnahme von Medikamenten.

§ 16
Besondere Unterstützungspflichten

(1) Die Versicherten haben dem Unternehmer oder dem zuständigen Vorgesetzten jede von ihnen festgestellte unmittelbare erhebliche Gefahr für die Sicherheit und Gesundheit sowie jeden an den Schutzvorrichtungen und Schutzsystemen festgestellten Defekt unverzüglich zu melden. Unbeschadet dieser Pflicht sollen die Versicherten von ihnen festgestellte Gefahren für Sicherheit und Gesundheit und Mängel an den Schutz-

vorrichtungen und Schutzsystemen auch der Fachkraft für Arbeitssicherheit, dem Betriebsarzt oder dem Sicherheitsbeauftragten mitteilen.

(2) Stellt ein Versicherter fest, dass im Hinblick auf die Verhütung von Arbeitsunfällen, Berufskrankheiten und arbeitsbedingten Gesundheitsgefahren

- ein Arbeitsmittel oder eine sonstige Einrichtung einen Mangel aufweist,
- Arbeitsstoffe nicht einwandfrei verpackt, gekennzeichnet oder beschaffen sind oder
- ein Arbeitsverfahren oder Arbeitsabläufe Mängel aufweisen,

hat er, soweit dies zu seiner Arbeitsaufgabe gehört und er über die notwendige Befähigung verfügt, den festgestellten Mangel unverzüglich zu beseitigen. Andernfalls hat er den Mangel dem Vorgesetzten unverzüglich zu melden.

§ 17
Benutzung von Einrichtungen, Arbeitsmitteln und Arbeitsstoffen

Versicherte haben Einrichtungen, Arbeitsmittel und Arbeitsstoffe sowie Schutzvorrichtungen bestimmungsgemäß und im Rahmen der ihnen übertragenen Arbeitsaufgaben zu benutzen.

§ 18
Zutritts- und Aufenthaltsverbote

Versicherte dürfen sich an gefährlichen Stellen nur im Rahmen der ihnen übertragenen Aufgaben aufhalten.

Viertes Kapitel
Organisation des betrieblichen Arbeitsschutzes

ERSTER ABSCHNITT
Sicherheitstechnische und betriebsärztliche Betreuung, Sicherheitsbeauftragte

§ 19
Bestellung von Fachkräften für Arbeitssicherheit und Betriebsärzten

(1) Der Unternehmer hat nach Maßgabe des Gesetzes über Betriebsärzte, Sicherheitsingenieure und andere Fachkräfte für Arbeitssicherheit (Arbeitssicherheitsgesetz) und der hierzu erlassenen Unfallverhütungsvorschriften Fachkräfte für Arbeitssicherheit und Betriebsärzte zu bestellen.

(2) Der Unternehmer hat die Zusammenarbeit der Fachkräfte für Arbeitssicherheit und der Betriebsärzte zu fördern.

§ 20
Bestellung und Aufgaben von Sicherheitsbeauftragten

(1) In Unternehmen mit regelmäßig mehr als 20 Beschäftigten hat der Unternehmer unter Berücksichtigung der im Unternehmen bestehenden Verhältnisse hinsichtlich der Arbeitsbedingungen, der Arbeitsumgebung sowie der Arbeitsorganisation Sicherheitsbeauftragte in der erforderlichen Anzahl zu bestellen. Kriterien für die Anzahl der Sicherheitsbeauftragten sind:

- Im Unternehmen bestehende Unfall- und Gesundheitsgefahren,
- Räumliche Nähe der zuständigen Sicherheitsbeauftragten zu den Beschäftigten,
- Zeitliche Nähe der zuständigen Sicherheitsbeauftragten zu den Beschäftigten,
- Fachliche Nähe der zuständigen Sicherheitsbeauftragten zu den Beschäftigten,
- Anzahl der Beschäftigten.

(2) Die Sicherheitsbeauftragten haben den Unternehmer bei der Durchführung der Maßnahmen zur Verhütung von Arbeitsunfällen und Berufskrankheiten zu unterstützen, insbesondere sich von dem Vorhandensein und der ordnungsgemäßen Benutzung der vorgeschriebenen Schutzeinrichtungen und persönlichen Schutzausrüstungen zu überzeugen und auf Unfall- und Gesundheitsgefahren für die Versicherten aufmerksam zu machen.

(3) Der Unternehmer hat den Sicherheitsbeauftragten Gelegenheit zu geben, ihre Aufgaben zu erfüllen, insbesondere in ihrem Bereich an den Betriebsbesich-

tigungen sowie den Untersuchungen von Unfällen und Berufskrankheiten durch die Aufsichtspersonen der Unfallversicherungsträger teilzunehmen; den Sicherheitsbeauftragten sind die hierbei erzielten Ergebnisse zur Kenntnis zu geben.

(4) Der Unternehmer hat sicherzustellen, dass die Fachkräfte für Arbeitssicherheit und Betriebsärzte mit den Sicherheitsbeauftragten eng zusammenwirken.

(5) Die Sicherheitsbeauftragten dürfen wegen der Erfüllung der ihnen übertragenen Aufgaben nicht benachteiligt werden.

(6) Der Unternehmer hat den Sicherheitsbeauftragten Gelegenheit zu geben, an Aus- und Fortbildungsmaßnahmen des Unfallversicherungsträgers teilzunehmen, soweit dies im Hinblick auf die Betriebsart und die damit für die Versicherten verbundenen Unfall- und Gesundheitsgefahren sowie unter Berücksichtigung betrieblicher Belange erforderlich ist.

ZWEITER ABSCHNITT
Maßnahmen bei besonderen Gefahren

§ 21
Allgemeine Pflichten des Unternehmers

(1) Der Unternehmer hat Vorkehrungen zu treffen, dass alle Versicherten, die einer unmittelbaren erheblichen Gefahr ausgesetzt sind oder sein können, möglichst frühzeitig über diese Gefahr und die getroffenen oder zu treffenden Schutzmaßnahmen unterrichtet sind. Bei unmittelbarer erheblicher Gefahr für die eigene Sicherheit oder die Sicherheit anderer Personen müssen die Versicherten die geeigneten Maßnahmen zur Gefahrenabwehr und Schadensbegrenzung selbst treffen können, wenn der zuständige Vorgesetzte nicht erreichbar ist; dabei sind die Kenntnisse der Versicherten und die vorhandenen technischen Mittel zu berücksichtigen.

(2) Der Unternehmer hat Maßnahmen zu treffen, die es den Versicherten bei unmittelbarer erheblicher Gefahr ermöglichen, sich durch sofortiges Verlassen der Arbeitsplätze in Sicherheit zu bringen.

§ 22
Notfallmaßnahmen

(1) Der Unternehmer hat entsprechend § 10 Arbeitsschutzgesetz die Maßnahmen zu planen, zu treffen und zu überwachen, die insbesondere für den Fall des Entstehens von Bränden, von Explosionen, des unkontrollierten Austretens von Stoffen und von sonstigen gefährlichen Störungen des Betriebsablaufs geboten sind.

(2) Der Unternehmer hat eine ausreichende Anzahl von Versicherten durch Unterweisung und Übung im Umgang mit Feuerlöscheinrichtungen zur Bekämpfung von Entstehungsbränden vertraut zu machen.

§ 23
Maßnahmen gegen Einflüsse des Wettergeschehens

Beschäftigt der Unternehmer Versicherte im Freien und bestehen infolge des Wettergeschehens Unfall- und Gesundheitsgefahren, so hat er geeignete Maßnahmen am Arbeitsplatz vorzusehen, geeignete organisatorische Schutzmaßnahmen zu treffen oder erforderlichenfalls persönliche Schutzausrüstungen zur Verfügung zu stellen.

DRITTER ABSCHNITT
Erste Hilfe

§ 24
Allgemeine Pflichten des Unternehmers

(1) Der Unternehmer hat dafür zu sorgen, dass zur Ersten Hilfe und zur Rettung aus Gefahr die erforderlichen Einrichtungen und Sachmittel sowie das erforderliche Personal zur Verfügung stehen.

(2) Der Unternehmer hat dafür zu sorgen, dass nach einem Unfall unverzüglich Erste Hilfe geleistet und eine erfor-

derliche ärztliche Versorgung veranlasst wird.

(3) Der Unternehmer hat dafür zu sorgen, dass Verletzte sachkundig transportiert werden.

(4) Der Unternehmer hat im Rahmen seiner Möglichkeiten darauf hinzuwirken, dass Versicherte

1. einem Durchgangsarzt vorgestellt werden, es sei denn, dass der erstbehandelnde Arzt festgestellt hat, dass die Verletzung nicht über den Unfalltag hinaus zur Arbeitsunfähigkeit führt oder die Behandlungsbedürftigkeit voraussichtlich nicht mehr als eine Woche beträgt,
2. bei einer schweren Verletzung einem der von den Unfallversicherungsträgern bezeichneten Krankenhäuser zugeführt werden,
3. bei Vorliegen einer Augen- oder Hals-, Nasen-, Ohrenverletzung dem nächsterreichbaren Arzt des entsprechenden Fachgebiets zugeführt werden, es sei denn, dass sich die Vorstellung durch eine ärztliche Erstversorgung erübrigt hat.

(5) Der Unternehmer hat dafür zu sorgen, dass den Versicherten durch Aushänge der Unfallversicherungsträger oder in anderer geeigneter schriftlicher Form Hinweise über die Erste Hilfe und Angaben über Notruf, Erste-Hilfe- und Rettungs-Einrichtungen, über das Erste-Hilfe-Personal sowie über herbeizuziehende Ärzte und anzufahrende Krankenhäuser gemacht werden. Die Hinweise und die Angaben sind aktuell zu halten.

(6) Der Unternehmer hat dafür zu sorgen, dass jede Erste-Hilfe-Leistung dokumentiert und diese Dokumentation fünf Jahre lang verfügbar gehalten wird. Die Dokumente sind vertraulich zu behandeln.

(7) Der Schulsachkostenträger als Unternehmer nach § 136 Absatz 3 Nummer 3 Alternative 2 Sozialgesetzbuch Siebtes Buch (SGB VII) hat den Schulhoheitsträger bei der Durchführung von Maßnahmen zur Sicherstellung einer wirksamen Ersten Hilfe für Versicherte nach § 2 Absatz 1 Nummer 8 Buchstabe b SGB VII zu unterstützen.

§ 25
Erforderliche Einrichtungen und Sachmittel

(1) Der Unternehmer hat unter Berücksichtigung der betrieblichen Verhältnisse durch Meldeeinrichtungen und organisatorische Maßnahmen dafür zu sorgen, dass unverzüglich die notwendige Hilfe herbeigerufen und an den Einsatzort geleitet werden kann.

(2) Der Unternehmer hat dafür zu sorgen, dass Mittel zur Ersten Hilfe jederzeit schnell erreichbar und leicht zugänglich in geeigneten Behältnissen, gegen schädigende Einflüsse geschützt, in ausreichender Menge bereitgehalten sowie rechtzeitig ergänzt und erneuert werden.

(3) Der Unternehmer hat dafür zu sorgen, dass unter Berücksichtigung der betrieblichen Verhältnisse Rettungsgeräte und Rettungstransportmittel bereitgehalten werden.

(4) Der Unternehmer hat dafür zu sorgen, dass mindestens ein mit Rettungstransportmitteln leicht erreichbarer Erste-Hilfe-Raum oder eine vergleichbare Einrichtung

1. in einer Betriebsstätte mit mehr als 1000 dort beschäftigten Versicherten,
2. in einer Betriebsstätte mit 1000 oder weniger, aber mehr als 100 dort beschäftigten Versicherten, wenn ihre Art und das Unfallgeschehen nach Art, Schwere und Zahl der Unfälle einen gesonderten Raum für die Erste Hilfe erfordern,
3. auf einer Baustelle mit mehr als 50 dort beschäftigten Versicherten

vorhanden ist.

Nummer 3 gilt auch, wenn der Unternehmer zur Erbringung einer Bauleistung aus einem von ihm übernommenen Auftrag Arbeiten an andere Unternehmer vergeben hat und insgesamt mehr als 50 Versicherte gleichzeitig tätig werden.

(5) In Kindertageseinrichtungen, allgemeinbildenden und berufsbildenden Schulen sowie Hochschulen hat der Unternehmer geeignete Liegemöglichkeiten oder geeignete Räume mit Liegemöglichkeit zur Erstversorgung von Verletzten in der erforderlichen Anzahl vorzuhalten.

§ 26
Zahl und Ausbildung der Ersthelfer

(1) Der Unternehmer hat dafür zu sorgen, dass für die Erste-Hilfe-Leistung Ersthelfer mindestens in folgender Zahl zur Verfügung stehen:

1. Bei 2 bis zu 20 anwesenden Versicherten ein Ersthelfer,
2. bei mehr als 20 anwesenden Versicherten
   a) in Verwaltungs- und Handelsbetrieben 5 %,
   b) in sonstigen Betrieben 10 %,
   c) in Kindertageseinrichtungen ein Ersthelfer je Kindergruppe,
   d) in Hochschulen 10 % der Versicherten nach § 2 Absatz 1 Nummer 1 Sozialgesetzbuch Siebtes Buch (SGB VII).

Von der Zahl der Ersthelfer nach Nummer 2 kann im Einvernehmen mit dem Unfallversicherungsträger unter Berücksichtigung der Organisation des betrieblichen Rettungswesens und der Gefährdung abgewichen werden.

(2) Der Unternehmer darf als Ersthelfer nur Personen einsetzen, die bei einer von dem Unfallversicherungsträger für die Ausbildung zur Ersten Hilfe ermächtigten Stelle ausgebildet worden sind oder über eine sanitätsdienstliche/rettungsdienstliche Ausbildung oder eine abgeschlossene Ausbildung in einem Beruf des Gesundheitswesens verfügen. Die Voraussetzungen für die Ermächtigung sind in der Anlage 2 zu dieser Unfallverhütungsvorschrift geregelt.

(3) Der Unternehmer hat dafür zu sorgen, dass die Ersthelfer in der Regel in Zeitabständen von zwei Jahren fortgebildet werden. Für die Fortbildung gilt Absatz 2 entsprechend. Personen mit einer sanitätsdienstlichen/rettungsdienstlichen Ausbildung oder einer entsprechenden Qualifikation in einem Beruf des Gesundheitswesens gelten als fortgebildet, wenn sie an vergleichbaren Fortbildungsveranstaltungen regelmäßig teilnehmen oder bei ihrer beruflichen oder ehrenamtlich sanitätsdienstlichen/rettungsdienstlichen Tätigkeit regelmäßig Erste-Hilfe-Maßnahmen durchführen. Der Unternehmer hat sich Nachweise über die Fortbildung vorlegen zu lassen.

(4) Ist nach Art des Betriebes, insbesondere auf Grund des Umganges mit Gefahrstoffen, damit zu rechnen, dass bei Unfällen Maßnahmen erforderlich werden, die nicht Gegenstand der allgemeinen Ausbildung zum Ersthelfer gemäß Absatz 2 sind, hat der Unternehmer für die erforderliche zusätzliche Aus- und Fortbildung zu sorgen.

(5) Die Absätze 1 bis 4 gelten nicht für Unternehmer hinsichtlich der nach § 2 Absatz 1 Nummer 8 Buchstabe b Sozialgesetzbuch Siebtes Buch (SGB VII) Versicherten.

§ 27
Zahl und Ausbildung der Betriebssanitäter

(1) Der Unternehmer hat dafür zu sorgen, dass mindestens ein Betriebssanitäter zur Verfügung steht, wenn

1. in einer Betriebsstätte mehr als 1500 Versicherte nach § 2 Absatz 1 Nummer 1 Sozialgesetzbuch Siebtes Buch (SGB VII) anwesend sind,
2. in einer Betriebsstätte 1500 oder weniger, aber mehr als 250 Versicherte nach § 2 Absatz 1 Nummer 1 SGB VII anwesend sind und Art, Schwere und Zahl der Unfälle den Einsatz von Sanitätspersonal erfordern,
3. auf einer Baustelle mehr als 100 Versicherte nach § 2 Absatz 1 Nummer 1 SGB VII anwesend sind.

Nummer 3 gilt auch, wenn der Unternehmer zur Erbringung einer Bauleistung aus einem von ihm übernommenen

Auftrag Arbeiten an andere Unternehmer vergibt und insgesamt mehr als 100 Versicherte gleichzeitig tätig werden.

(2) In Betrieben nach Absatz 1 Satz 1 Nummer 1 kann im Einvernehmen mit dem Unfallversicherungsträger von Betriebssanitätern abgesehen werden, sofern nicht nach Art, Schwere und Zahl der Unfälle ihr Einsatz erforderlich ist. Auf Baustellen nach Absatz 1 Satz 1 Nummer 3 kann im Einvernehmen mit dem Unfallversicherungsträger unter Berücksichtigung der Erreichbarkeit des Unfallortes und der Anbindung an den öffentlichen Rettungsdienst von Betriebssanitätern abgesehen werden.

(3) Der Unternehmer darf als Betriebssanitäter nur Personen einsetzen, die von Stellen ausgebildet worden sind, welche von dem Unfallversicherungsträger in personeller, sachlicher und organisatorischer Hinsicht als geeignet beurteilt werden.

(4) Der Unternehmer darf als Betriebssanitäter nur Personen einsetzen, die

1. an einer Grundausbildung und
2. an einem Aufbaulehrgang

für den betrieblichen Sanitätsdienst teilgenommen haben.

Als Grundausbildung gilt auch eine mindestens gleichwertige Ausbildung oder eine die Sanitätsaufgaben einschließende Berufsausbildung.

(5) Für die Teilnahme an dem Aufbaulehrgang nach Absatz 4 Satz 1 Nummer 2 darf die Teilnahme an der Ausbildung nach Absatz 4 Satz 1 Nummer 1 nicht mehr als zwei Jahre zurückliegen; soweit auf Grund der Ausbildung eine entsprechende berufliche Tätigkeit ausgeübt wurde, ist die Beendigung derselben maßgebend.

(6) Der Unternehmer hat dafür zu sorgen, dass die Betriebssanitäter regelmäßig innerhalb von drei Jahren fortgebildet werden. Für die Fortbildung gilt Absatz 3 entsprechend.

§ 28 Unterstützungspflichten der Versicherten

(1) Im Rahmen ihrer Unterstützungspflichten nach § 15 Absatz 1 haben sich Versicherte zum Ersthelfer ausbilden und in der Regel in Zeitabständen von zwei Jahren fortbilden zu lassen. Sie haben sich nach der Ausbildung für Erste-Hilfe-Leistungen zur Verfügung zu stellen. Die Versicherten brauchen den Verpflichtungen nach den Sätzen 1 und 2 nicht nachzukommen, soweit persönliche Gründe entgegenstehen.

(2) Versicherte haben unverzüglich jeden Unfall der zuständigen betrieblichen Stelle zu melden; sind sie hierzu nicht im Stande, liegt die Meldepflicht bei dem Betriebsangehörigen, der von dem Unfall zuerst erfährt.

VIERTER ABSCHNITT Persönliche Schutzausrüstungen

§ 29 Bereitstellung

(1) Der Unternehmer hat gemäß § 2 der PSA-Benutzungsverordnung den Versicherten geeignete persönliche Schutzausrüstungen bereitzustellen; vor der Bereitstellung hat er die Versicherten anzuhören.

(2) Der Unternehmer hat dafür zu sorgen, dass die persönlichen Schutzausrüstungen den Versicherten in ausreichender Anzahl zur persönlichen Verwendung für die Tätigkeit am Arbeitsplatz zur Verfügung gestellt werden. Für die bereitgestellten persönlichen Schutzausrüstungen müssen EG-Konformitätserklärungen vorliegen. Satz 2 gilt nicht für Hautschutzmittel.

§ 30 Benutzung

(1) Der Unternehmer hat dafür zu sorgen, dass persönliche Schutzausrüstungen entsprechend bestehender Tragezeitbegrenzungen und Gebrauchsdauern bestimmungsgemäß benutzt werden.

(2) Die Versicherten haben die persönlichen Schutzausrüstungen bestimmungsgemäß zu benutzen, regelmäßig auf ihren ordnungsgemäßen Zustand zu prüfen und festgestellte Mängel dem Unternehmer unverzüglich zu melden.

§ 31
Besondere Unterweisungen

Für persönliche Schutzausrüstungen, die gegen tödliche Gefahren oder bleibende Gesundheitsschäden schützen sollen, hat der Unternehmer die nach § 3 Absatz 2 der PSA-Benutzungsverordnung bereitzuhaltende Benutzungsinformation den Versicherten im Rahmen von Unterweisungen mit Übungen zu vermitteln.

Fünftes Kapitel
Ordnungswidrigkeiten

§ 32
Ordnungswidrigkeiten

Ordnungswidrig im Sinne des § 209 Absatz 1 Nummer 1 Sozialgesetzbuch Siebtes Buch (SGB VII) handelt, wer vorsätzlich oder fahrlässig den Bestimmungen der

§ 2 Abs. 5,

§ 12 Abs. 2,

§ 15 Abs. 2,

§ 20 Abs. 1,

§ 24 Abs. 6,

§ 25 Abs. 1, 4 Nr. 1 oder 3,

§ 26 Abs. 1 Satz 1 oder Abs. 2 Satz 1,

§ 27 Abs. 1 Satz 1 Nr. 1 oder 3, Abs. 3,

§ 29 Abs. 2 Satz 2 oder

§ 30

zuwiderhandelt.

Sechstes Kapitel
Aufhebung von Unfallverhütungsvorschriften

§ 33
Aufhebung von Unfallverhütungsvorschriften

Folgende Unfallverhütungsvorschrift wird aufgehoben: „Grundsätze der Prävention“ (BGV A1) vom 1. Januar 2011.

Siebtes Kapitel
Inkrafttreten

§ 34
Inkrafttreten

Diese Unfallverhütungsvorschrift trat am 1. Oktober 2014 in Kraft.

Anlage 1
Zu § 2 Abs. 1: Staatliche Arbeitsschutzvorschriften

Staatliche Arbeitsschutzvorschriften, in denen vom Unternehmer zur Verhütung von Arbeitsunfällen, Berufskrankheiten und arbeitsbedingten Gesundheitsgefahren zu treffende Maßnahmen näher bestimmt sind, sind – in ihrer jeweils gültigen Fassung – insbesondere:

- Arbeitsschutzgesetz (ArbSchG),
- Arbeitsstättenverordnung (ArbStättV),
- Baustellenverordnung (BaustellV),
- Bildschirmarbeitsverordnung (BildscharbV),
- Biostoffverordnung (BioStoffV),
- Betriebssicherheitsverordnung (BetrSichV),
- Gefahrstoffverordnung (GefStoffV),
- Lärm- und Vibrations-Arbeitsschutzverordnung (LärmVibrationsArbSchV),
- Lastenhandhabungsverordnung (LasthandhabV),
- PSA-Benutzungsverordnung (PSA-BV),
- Verordnung zur arbeitsmedizinischen Vorsorge (ArbMedVV),
- Verordnung zum Schutz der Beschäftigten vor Gefährdungen durch künstliche optische Strahlung (OStrV).

Die vorstehende Auflistung ist nicht abschließend.

Der gesetzliche Auftrag der Unfallversicherungsträger zur Verhütung von Arbeitsunfällen, Berufskrankheiten und arbeitsbedingten Gesundheitsgefahren gilt auch für Unternehmer und Versicherte, die nicht unmittelbar durch die Anwendungsbereiche der staatlichen Arbeitsschutzvorschriften erfasst sind.

Anlage 2
Zu § 26 Abs. 2: Voraussetzungen für die Ermächtigung als Stelle für die Aus- und Fortbildung in der Ersten Hilfe

Stellen, die Aus- und Fortbildung in der Ersten Hilfe durchführen, bedürfen einer schriftlichen Vereinbarung, welche Art und Umfang der Aus- und Fortbildungsleistungen und die Höhe der Lehrgangsgebühren regelt.

1 Allgemeine Grundsätze

1.1 Antrag auf Ermächtigung

Der Antrag auf Ermächtigung ist beim zuständigen Unfallversicherungsträger einzureichen.

1.2 Prüfung

Der Unfallversicherungsträger sowie von dem Unfallversicherungsträger beauftragte Personen sind jederzeit berechtigt, die Lehrgangsräume, die Lehrgangseinrichtungen, die Unterrichtsmittel sowie die Durchführung der Lehrgänge zu prüfen.

1.3 Befristung, Widerruf der Ermächtigung

Die Ermächtigung wird befristet und unter dem Vorbehalt des Widerrufes nach Prüfung der personellen, sachlichen und organisatorischen Voraussetzungen erteilt.

1.4 Änderung einer Voraussetzung

Jede Änderung einer Voraussetzung, die der Ermächtigung zu Grunde liegt, ist unverzüglich dem zuständigen Unfallversicherungsträger anzuzeigen.

2 Personelle Voraussetzungen

2.1 Medizinischer Hintergrund

Der Antragsteller muss nachweisen, dass die Aus- und Fortbildung in der Ersten Hilfe unter der Verantwortung eines hierfür geeigneten Arztes steht.

Geeignet sind Ärzte mit dem Fachkundenachweis Rettungsdienst oder der Zusatzbezeichnung Rettungsmedizin oder vergleichbarer Qualifikation. Ferner müssen die Ärzte eingehende Kenntnisse über Empfehlungen für die Erste Hilfe des Deutschen Beirates für Erste Hilfe und Wiederbelebung bei der Bundesärztekammer besitzen.

2.2 Lehrkräfte

Der Antragsteller muss nachweisen, dass er selbst zur Ausbildung befähigt ist oder über entsprechende Lehrkräfte in ausreichender Zahl verfügt.

Die Befähigung ist gegeben, wenn die Lehrkraft durch Vorlage einer gültigen Bescheinigung nachweist, dass sie an einem speziellen Ausbildungslehrgang für die Erste Hilfe bei einer geeigneten Stelle zur Ausbildung von Lehrkräften teilgenommen hat. Die Lehrkraft muss in angemessenen Zeitabständen fortgebildet werden.

2.3 Erfahrung in Organisation und Durchführung der Ersten Hilfe

Der Antragsteller muss nachweisen, dass er über besondere Erfahrungen in Organisation und Durchführung der Ersten Hilfe verfügt. Das ist der Fall, wenn er oder seine Lehrkräfte in der Regel seit mindestens drei Jahren im öffentlichen oder betrieblichen Rettungsdienst tätig sind und Einsatzerfahrung nachweisen können.

2.4 Versicherungsschutz

Der Antragsteller muss nachweisen, dass er eine Haftpflichtversicherung abgeschlossen hat, die eventuelle Personen- und Sachschäden, die im Zusammenhang mit der Aus- und Fortbildung stehen, abdeckt.

3 Sachliche Voraussetzungen

3.1 Lehrgangsräume, -einrichtungen und Unterrichtsmittel

Für die Lehrgänge müssen geeignete Räume, Einrichtungen und Unterrichtsmittel vorhanden sein. Es muss mindestens ein Raum zur Verfügung stehen, in dem 20 Personen durch theoretischen Unterricht, praktische Demonstrationen und Übungen in der Ersten Hilfe unterwiesen werden können. Der Raum muss über ausreichende Beleuchtung verfügen. Zudem müssen Sitz- und Schreibmöglichkeiten sowie Waschgelegenheiten und Toiletten vorhanden sein.

Es müssen die notwendigen Unterrichtsmittel, insbesondere Demonstrations- und Übungsmaterialien sowie geeignete Medien, wie Tageslichtprojektor und Lehrfolien, vollzählig und funktionstüchtig zur Verfügung stehen.

Die Demonstrations- und Übungsmaterialien, insbesondere die Geräte zum Üben der Atemspende und der Herzdruckmassage, unterliegen besonderen Anforderungen der Hygiene und müssen nachweislich desinfiziert werden.

4 Organisatorische Voraussetzungen

4.1 Anzahl der Teilnehmer

An einem Lehrgang sollen in der Regel mindestens 10 und nicht mehr als 15 Personen teilnehmen. Die Teilnehmerzahl darf jedoch, auch bei Anwesenheit eines Ausbildungshelfers, 20 Personen nicht übersteigen.

4.2 Ausbildungsleistung

Der Antragsteller muss gewährleisten, dass jährlich mindestens 100 Versicherte aus- oder fortgebildet werden.

4.3 Inhalt und Umfang der Lehrgänge

Die Aus- und Fortbildung muss nach Inhalt und Umfang sowie in methodisch-didaktischer Hinsicht mindestens dem Stoff entsprechen, der in sachlicher Übereinstimmung mit den in der Bundesarbeitsgemeinschaft Erste Hilfe vertretenen Hilfsorganisationen und unter Berücksichtigung von Empfehlungen des Deutschen Beirates für Erste Hilfe und Wiederbelebung bei der Bundesärztekammer in den Lehrplänen und Leitfäden zum Erste-Hilfe-Lehrgang festgelegt ist.

4.4 Teilnehmerunterlagen

Jedem Teilnehmer an einer Aus- und Fortbildungsmaßnahme ist eine Informationsschrift über die Lehrinhalte auszuhändigen, die mindestens den Inhalten der Information „Handbuch zur Ersten Hilfe“ (BGI/GUV-I 829) entspricht.

4.5 Teilnahmebescheinigung

Jedem Teilnehmer ist eine Teilnahmebescheinigung auszuhändigen. Die Bescheinigung über die Aus- und die Fortbildung in der Ersten Hilfe darf jeweils nur erteilt werden, wenn die Lehrkraft die Überzeugung gewonnen hat, dass der Teilnehmer nach regelmäßigem Besuch die erforderlichen Kenntnisse und Fähigkeiten gemäß Abschnitt 4.3 besitzt.

4.6 Dokumentation

Die ermächtigte Stelle hat über die durchgeführten Lehrgänge folgende Aufzeichnungen zu führen:

- Art der jeweiligen Aus- oder Fortbildungsmaßnahme,
- Ort und Zeit der Maßnahme,
- Name des verantwortlichen Arztes,
- Name der Lehrkraft,
- Name, Geburtsdatum und Unterschrift des Teilnehmers,
- Arbeitgeber des Teilnehmers,
- Kosten tragender Unfallversicherungsträger.

Die Aufzeichnungen sind fünf Jahre aufzubewahren und auf Anforderung des Unfallversicherungsträgers vorzulegen.

5 Besondere Voraussetzungen für die Erste-Hilfe-Aus- und Fortbildung in Bildungs- und Betreuungseinrichtungen für Kinder

Diese Ausbildung enthält Erste-Hilfe-Maßnahmen für Erwachsene und Kinder und bedarf neben den oben genannten Voraussetzungen auf die Ausbildungsform abgestimmte Lehrgangsinhalte, weitere sachliche Ausstattungen, eine Zusatzqualifikation der Lehrkräfte sowie die Aushändigung einer Informationsschrift, die mindestens der Information „Handbuch zur Ersten Hilfe in Bildungs- und Betreuungseinrichtungen für Kinder“ (BGI/GUV-I 5146) entspricht.

DGUV Vorschrift 2 – Betriebsärzte und Fachkräfte für Arbeitssicherheit

vom Januar 2011

in der Fassung vom 1. Januar 2014

Erstes Kapitel Allgemeine Vorschriften

§ 1 Geltungsbereich

Diese Unfallverhütungsvorschrift bestimmt näher die Maßnahmen, die der Unternehmer zur Erfüllung der sich aus dem Gesetz über Betriebsärzte, Sicherheitsingenieure und andere Fachkräfte für Arbeitssicherheit (Arbeitssicherheitsgesetz) ergebenden Pflichten zu treffen hat.

§ 2 Bestellung

(1) Der Unternehmer hat Betriebsärzte und Fachkräfte für Arbeitssicherheit zur Wahrnehmung der in den §§ 3 und 6 des Arbeitssicherheitsgesetzes bezeichneten Aufgaben schriftlich nach Maßgabe der nachfolgenden Bestimmungen zu bestellen. Der Unternehmer hat dem Unfallversicherungsträger auf Verlangen nachzuweisen, wie er die Verpflichtung nach Satz 1 erfüllt hat.

(2) Bei Betrieben mit bis zu 10 Beschäftigten richtet sich der Umfang der betriebsärztlichen und sicherheitstechnischen Betreuung nach Anlage 1.

(3) Bei Betrieben mit mehr als 10 Beschäftigten gelten die Bestimmungen nach Anlage 2.

(4) Abweichend von den Absätzen 2 und 3 kann der Unternehmer nach Maßgabe von Anlage 3 ein alternatives Betreuungsmodell wählen, wenn er aktiv in das Betriebsgeschehen eingebunden ist und die Zahl der Beschäftigten bis zu 50 beträgt.

(5) Bei der Berechnung der Zahl der Beschäftigten sind jährliche Durchschnittszahlen zugrunde zu legen; bei der Berechnung des Schwellenwertes in den Absätzen 2, 3 und 4 findet die Regelung des § 6 Abs. 1 Satz 4 des Arbeitsschutzgesetzes entsprechende Anwendung.

(6) Der Unfallversicherungsträger kann im Einzelfall im Einvernehmen mit der nach § 12 Arbeitssicherheitsgesetz zuständigen Behörde Abweichungen von den Absätzen 2, 3 und 4 zulassen, soweit im Betrieb die Unfall- und Gesundheitsgefahren vom Durchschnitt abweichen und die abweichende Festsetzung mit dem Schutz der Beschäftigten vereinbar ist. Als Vergleichsmaßstab dienen Betriebe der gleichen Art.

§ 3 Arbeitsmedizinische Fachkunde

Der Unternehmer kann die erforderliche arbeitsmedizinische Fachkunde als gegeben ansehen bei Ärzten, die nachweisen, dass sie berechtigt sind,

1. die Gebietsbezeichnung „Arbeitsmedizin“
2. die Zusatzbezeichnung „Betriebsmedizin“

zu führen.

§ 4 Sicherheitstechnische Fachkunde

(1) Der Unternehmer kann die erforderliche sicherheitstechnische Fachkunde von Fachkräften für Arbeitssicherheit als nachgewiesen ansehen, wenn diese den in den Absätzen 2 bis 5 festgelegten Anforderungen genügen.

(2) Sicherheitsingenieure erfüllen die Anforderungen, wenn sie

1. berechtigt sind, die Berufsbezeichnung Ingenieur zu führen oder einen Bachelor- oder Masterabschluss der Studienrichtung Ingenieurwissenschaften erworben haben,

2. danach eine praktische Tätigkeit in diesem Beruf mindestens zwei Jahre lang ausgeübt
und
3. einen staatlichen oder von Unfallversicherungsträgern veranstalteten Ausbildungslehrgang
oder
einen staatlich oder von Unfallversicherungsträgern anerkannten Ausbildungslehrgang eines anderen Ausbildungsträgers mit Erfolg abgeschlossen haben.

Sicherheitsingenieure, die auf Grund ihrer Hochschul-/Fachhochschulausbildung berechtigt sind, die Berufsbezeichnung „Sicherheitsingenieur" zu führen und eine einjährige praktische Tätigkeit als Ingenieur ausgeübt haben, erfüllen ebenfalls die Anforderungen.

(3) In der Funktion als Sicherheitsingenieur können auch Personen tätig werden, die über gleichwertige Qualifikationen verfügen.

(4) Sicherheitstechniker erfüllen die Anforderungen, wenn sie

1. eine Prüfung als staatlich anerkannter Techniker erfolgreich abgelegt haben,
2. danach eine praktische Tätigkeit als Techniker mindestens zwei Jahre lang ausgeübt haben
und
3. einen staatlichen oder von Unfallversicherungsträgern veranstalteten Ausbildungslehrgang
oder
einen staatlich oder von Unfallversicherungsträgern anerkannten Ausbildungslehrgang eines anderen Veranstaltungsträgers mit Erfolg abgeschlossen haben.

Die Anforderungen erfüllt auch, wer ohne Prüfung als staatlich anerkannter Techniker mindestens vier Jahre lang als Techniker tätig war und einen staatlichen oder von Unfallversicherungsträgern veranstalteten Ausbildungslehrgang oder einen staatlich oder von Unfallversicherungsträgern anerkannten Ausbildungslehrgang eines anderen Veranstaltungsträgers mit Erfolg abgeschlossen hat.

(5) Sicherheitsmeister erfüllen die Anforderungen, wenn sie

1. die Meisterprüfung erfolgreich abgelegt haben,
2. danach eine praktische Tätigkeit als Meister mindestens zwei Jahre lang ausgeübt haben
und
3. einen staatlichen oder von Unfallversicherungsträgern veranstalteten Ausbildungslehrgang
oder
einen staatlich oder von Unfallversicherungsträgern anerkannten Ausbildungslehrgang eines anderen Veranstaltungsträgers mit Erfolg abgeschlossen haben.

Die Anforderungen erfüllt auch, wer ohne Meisterprüfung mindestens vier Jahre lang als Meister oder in gleichwertiger Funktion tätig war und einen staatlichen oder von Unfallversicherungsträgern veranstalteten Ausbildungslehrgang oder einen staatlich oder von Unfallversicherungsträgern anerkannten Ausbildungslehrgang eines anderen Veranstaltungsträgers mit Erfolg abgeschlossen hat.

(6) Der Ausbildungslehrgang nach den Absätzen 2, 4 und 5 umfasst die Ausbildungsstufe I (Grundausbildung), Ausbildungsstufe II (Vertiefende Ausbildung), Ausbildungsstufe III (Bereichsbezogene Ausbildung) und das begleitende Praktikum. Bestandteile der Ausbildungsstufe III sind die nachfolgenden Rahmenthemen:

- Arbeiten in Bereichen mit Kontaminationsgefahr,
- Brand- und Explosionsschutz,
- Chemische Verfahren,
- Erzeugung, Bearbeitung, Verarbeitung und Veredelung von Werk- und Baustoffen,
- Erstellung, Instandhaltung und Beseitigung von baulichen Einrichtungen und Anlagen,
- Gefährdung/Belastung bestimmter Personengruppen,
- Gewinnung von Rohstoffen,

- Komplexe Verkehrssituationen,
- Organisation der Instandhaltung/Störungsbeseitigung,
- Schutz vor Sturz aus der Höhe/in die Tiefe,
- Verkettete und flexible Systeme.

(7) Bei einem Wechsel einer Fachkraft für Arbeitssicherheit, die die Ausbildungsstufe III (Bereichsbezogene Ausbildung) entsprechend den Festlegungen eines anderen Unfallversicherungsträgers absolviert hat, in eine andere Branche, hat der Unternehmer dafür zu sorgen, dass die Fachkraft für Arbeitssicherheit die erforderlichen bereichsbezogenen Kenntnisse durch Fortbildung erwirbt. Der Unfallversicherungsträger entscheidet über den erforderlichen Umfang an Fortbildung unter Berücksichtigung der Inhalte ihrer Ausbildungsstufe III.

§ 5
Bericht

Der Unternehmer hat die gemäß § 2 dieser Unfallverhütungsvorschrift bestellten Betriebsärzte und Fachkräfte für Arbeitssicherheit zu verpflichten, über die Erfüllung der übertragenen Aufgaben regelmäßig schriftlich zu berichten. Die Berichte sollen auch über die Zusammenarbeit der Betriebsärzte und Fachkräfte für Arbeitssicherheit Auskunft geben.

Zweites Kapitel
Übergangsbestimmungen

§ 6
Übergangsbestimmungen

(1) Der Unternehmer kann abweichend von § 3 davon ausgehen, dass Ärzte über die erforderliche Fachkunde verfügen, wenn sie

1. eine Bescheinigung der zuständigen Ärztekammer darüber besitzen, dass sie vor dem 1. Januar 1985 ein Jahr klinisch oder poliklinisch tätig gewesen sind und an einem arbeitsmedizinischen Einführungslehrgang teilgenommen haben
   und
2. a) bis zum 31. Dezember 1985 mindestens 500 Stunden innerhalb eines Jahres betriebsärztlich tätig waren
   oder
   b) bis zum 31. Dezember 1987 einen dreimonatigen Kurs über Arbeitsmedizin absolviert haben
   und
   über die Voraussetzungen nach Nummer 2 Buchstabe a) oder b) eine von der zuständigen Ärztekammer erteilte Bescheinigung beibringen.

Die Bescheinigung der zuständigen Ärztekammer muss vor dem 31. Dezember 1996 ausgestellt worden sein.

(2) Der Nachweis der Fachkunde nach § 4 Abs. 2 bis 5 gilt als erbracht, wenn eine Fachkraft für Arbeitssicherheit im Zeitpunkt des Inkrafttretens dieser Unfallverhütungsvorschrift als solche tätig ist und

- im Zuständigkeitsbereich der ehemaligen Bergbau-Berufsgenossenschaft die Fachkundevoraussetzungen der Unfallverhütungsvorschrift „Fachkräfte für Arbeitssicherheit“ (BGV A6) der Bergbau-Berufsgenossenschaft vom 1. Oktober 1995, in der Fassung vom 1. November 2003,
- im Zuständigkeitsbereich der ehemaligen Steinbruchs-Berufsgenossenschaft die Fachkundevoraussetzungen der Unfallverhütungsvorschrift „Fachkräfte für Arbeitssicherheit“ (BGV A6) der Steinbruchs-Berufsgenossenschaft vom 1. Oktober 1994, in der Fassung vom 1. Oktober 2002,
- im Zuständigkeitsbereich der ehemaligen Berufsgenossenschaft der chemischen Industrie die Fachkundevoraussetzungen der Unfallverhütungsvorschrift „Sicherheitsingenieure und andere Fachkräfte für Arbeitssicherheit“ (VBG 122) der Berufsgenossenschaft der chemischen Industrie vom 1. April 1991,

- im Zuständigkeitsbereich der ehemaligen Lederindustrie-Berufsgenossenschaft der Unfallverhütungsvorschrift „Fachkräfte für Arbeitssicherheit" (BGV A6) die Fachkundevoraussetzungen der Lederindustrie-Berufsgenossenschaft vom 1. Oktober 1996, in der Fassung vom 1. Februar 2003,
- im Zuständigkeitsbereich der ehemaligen Papiermacher-Berufsgenossenschaft die Fachkundevoraussetzungen der Unfallverhütungsvorschrift „Fachkräfte für Arbeitssicherheit" (BGV A6) der ehemaligen Papiermacher-Berufsgenossenschaft vom 1. April 1996, in der Fassung vom 1. Januar 2004 und
- im Zuständigkeitsbereich der ehemaligen Zucker-Berufsgenossenschaft die Fachkundevoraussetzungen der Unfallverhütungsvorschrift „Fachkräfte für Arbeitssicherheit" (BGV A6) der Zucker-Berufsgenossenschaft vom 1. April 1996

vorliegen.

Satz 1 gilt für die Unternehmen, die ab dem 1. Januar 2010 Mitglied der Berufsgenossenschaft Rohstoffe und chemische Industrie geworden sind, entsprechend, je nachdem, welche der in Satz 1 genannten ehemaligen Berufsgenossenschaften für das Unternehmen zuständig gewesen wäre.

(3) entfällt

(4) entfällt

Drittes Kapitel In-Kraft-Treten und Außer-Kraft-Treten

§ 7 In-Kraft-Treten und Außer-Kraft-Treten

Diese Unfallverhütungsvorschrift tritt am 1. Januar 2011 in Kraft. Gleichzeitig treten

- die Unfallverhütungsvorschrift „Betriebsärzte und Fachkräfte für Arbeitssicherheit" (BGV A2) der ehemaligen Bergbau-Berufsgenossenschaft vom 1. März 2005, in der Fassung vom 1. Januar 2009,
- die Unfallverhütungsvorschrift „Betriebsärzte und Fachkräfte für Arbeitssicherheit" (BGV A2) der ehemaligen Steinbruchs-Berufsgenossenschaft vom 1. Januar 2005, in der Fassung vom 1. Januar 2009,
- die Unfallverhütungsvorschrift „Betriebsärzte und Fachkräfte für Arbeitssicherheit" (BGV A2) der ehemaligen Berufsgenossenschaft der chemischen Industrie vom 1. Januar 2005, in der Fassung vom 1. Januar 2009,
- die Unfallverhütungsvorschrift „Betriebsärzte und Fachkräfte für Arbeitssicherheit" (BGV A2) der ehemaligen Lederindustrie-Berufsgenossenschaft vom 1. Januar 2006, in der Fassung vom 1. Januar 2009,
- die Unfallverhütungsvorschrift „Betriebsärzte und Fachkräfte für Arbeitssicherheit" (BGV A2) der ehemaligen Papiermacher-Berufsgenossenschaft vom 1. Januar 2006, in der Fassung vom 1. Januar 2009 und
- die Unfallverhütungsvorschrift „Betriebsärzte und Fachkräfte für Arbeitssicherheit" (BGV A2) der ehemaligen Zucker-Berufsgenossenschaft vom 1. Mai 2006, in der Fassung vom 1. Januar 2009

außer Kraft.

Anlage 1 Betriebsärztliche und sicherheitstechnische Regelbetreuung in Betrieben mit bis zu 10 Beschäftigten

(zu § 2 Abs. 2)

Wesentliche Grundlage von Art und Umfang der betriebsärztlichen und sicherheitstechnischen Betreuung sind die im Betrieb vorliegenden Gefährdungen für Sicherheit und Gesundheit der Beschäftigten sowie die Aufgaben gemäß den §§ 3 bzw. 6 Arbeitssicherheitsgesetz.

Der Umfang der zu erbringenden betriebsärztlichen und sicherheitstechnischen Betreuung besteht in der Durchführung von **Grundbetreuungen und anlassbezogenen Betreuungen.** Sie können kombiniert werden.

Grundbetreuungen beinhalten die Unterstützung bei

- der Erstellung bzw.
- der Aktualisierung der Gefährdungsbeurteilung.

Bei der Grundbetreuung muss der Sachverstand von Betriebsärzten und Fachkräften für Arbeitssicherheit einbezogen werden. Dies kann dadurch geschehen, dass der Erstberatende den Sachverstand des jeweils anderen Sachgebietes hinzuzieht.

Die Grundbetreuung wird bei maßgeblicher Änderung der Arbeitsverhältnisse,

- im Zuständigkeitsbereich der ehemaligen Bergbau-Berufsgenossenschaft und der ehemaligen Steinbruchs-Berufsgenossenschaft spätestens aber nach 1 Jahr,
- im Zuständigkeitsbereich der ehemaligen Berufsgenossenschaft der chemischen Industrie, der ehemaligen Papiermacher-Berufsgenossenschaft und der ehemaligen Zucker-Berufsgenossenschaft spätestens aber nach 3 Jahren,
- im Zuständigkeitsbereich der ehemaligen Lederindustrie-Berufsgenossenschaft für deren Gefahrtarifstelle[1] 1 spätestens aber nach 3 Jahren und für alle deren anderen Betriebe spätestens aber nach 5 Jahren

wiederholt.

Für die Unternehmen, die ab dem 1. Januar 2010 Mitglied der Berufsgenossenschaft Rohstoffe und chemische Industrie geworden sind, gelten je nachdem, welche der genannten ehemaligen Berufsgenossenschaften für das Unternehmen zuständig gewesen wäre, die Bestimmungen dieser ehemaligen Berufsgenossenschaft.

Fristen für arbeitsmedizinische Vorsorgeuntersuchungen bleiben unberührt.

Die **Gefährdungsbeurteilung** besteht aus einer systematischen Feststellung und Bewertung von relevanten Gefährdungen der Beschäftigten. Aus der Gefährdungsbeurteilung sind entsprechende Arbeitsschutzmaßnahmen abzuleiten. Die Gefährdungsbeurteilung und die Maßnahmen sind auf ihre Wirksamkeit zu überprüfen und erforderlichenfalls an sich ändernde Gegebenheiten anzupassen.

Anlassbezogene Betreuungen:

Der Unternehmer ist verpflichtet, sich bei besonderen Anlässen durch einen Betriebsarzt oder eine Fachkraft für Arbeitssicherheit mit branchenbezogener Fachkunde in Fragen der Sicherheit und des Gesundheitsschutzes betreuen zu lassen.

Besondere Anlässe für eine Betreuung durch den Betriebsarzt und die Fachkraft für Arbeitssicherheit können unter anderem sein die

- Planung, Errichtung und Änderung von Betriebsanlagen,
- Einführung neuer Arbeitsmittel, die ein erhöhtes Gefährdungspotenzial zur Folge haben,
- grundlegende Änderung von Arbeitsverfahren,
- Einführung neuer Arbeitsverfahren,
- Gestaltung neuer Arbeitsplätze und -abläufe,
- Einführung neuer Arbeitsstoffe bzw. Gefahrstoffe, die ein erhöhtes Gefährdungspotenzial zur Folge haben,
- Beratung der Beschäftigten über besondere Unfall- und Gesundheitsgefahren bei der Arbeit,

[1] Gemäß § 61 der Satzung der Berufsgenossenschaft Rohstoffe und chemische Industrie gelten die am 1. Januar 2007 in Kraft getretenen Gefahrtarife der jeweiligen Partner im bisherigen Zuständigkeitsbereich der zum 01.01.2010 fusionierten Berufsgenossenschaften fort, solange kein gemeinsamer Gefahrtarif beschlossen wurde. Der Gefahrtarif der ehemaligen Lederindustrie-Berufsgenossenschaft ist als Anhang 5 beigefügt.

- Untersuchung von Unfällen und Berufskrankheiten,
- Erstellung von Notfall- und Alarmplänen,
- Durchführung von notwendigen Sanierungsarbeiten mit Asbest.

Weitere Anlässe für das Tätigwerden einer Fachkraft für Arbeitssicherheit können unter anderem sein die

- Durchführung sicherheitstechnischer Überprüfungen und Beurteilungen von Anlagen, Arbeitssystemen und Arbeitsverfahren,
- Umsetzung von Maßnahmen zur Staubminderung,
- Umsetzung von Maßnahmen zur Lärmminderung,
- Umsetzung von Maßnahmen bei Brand- und Explosionsgefahren,
- Organisation der Instandhaltung/ Störungsbeseitigung,
- Erstellung von Abbruchanweisungen,
- Gestaltung von Alleinarbeitsplätzen,
- Einführung von Maßnahmen zur Sicherung großräumiger Produktionsanlagen,
- Einführung und Weiterentwicklung von Arbeitsschutzmanagement-Systemen.

Weitere Anlässe für das Tätigwerden eines Betriebsarztes können unter anderem sein

- eine grundlegende Umgestaltung von Arbeitszeit-, Pausen- und Schichtsystemen,
- die Erforderlichkeit der Durchführung arbeitsmedizinischer Vorsorgeuntersuchungen, Beurteilungen und Beratungen,
- Suchterkrankungen, die ein gefährdungsfreies Arbeiten beeinträchtigen,
- Fragen des Arbeitsplatzwechsels sowie der Eingliederung und Wiedereingliederung behinderter Menschen und der (Wieder-)Eingliederung von Rehabilitanden,
- die Häufung gesundheitlicher Probleme,
- die Organisation der Ersten Hilfe im Betrieb,
- Planung, Einrichtung und Änderung von sozialen und sanitären Einrichtungen,
- die Auswahl und Erprobung von Körperschutzmitteln,
- die Motivation der Versicherten zu gesundheitsgerechtem Verhalten,
- das Auftreten posttraumatischer Belastungszustände.

Der Betrieb muss über angemessene und aktuelle Unterlagen verfügen, aus denen das Ergebnis der Gefährdungsbeurteilung, die abgeleiteten Maßnahmen und das Ergebnis der Überprüfung ersichtlich sind. Solche Unterlagen können auch Berichte nach § 5 dieser Unfallverhütungsvorschrift sein.

Ergänzend zur Grundbetreuung können anlassbezogene Beratungen zu spezifischen Fachthemen im Einzelfall auch durch Personen mit spezieller anlassbezogener Fachkunde erbracht werden, die nicht über eine Qualifikation als Betriebsarzt bzw. Fachkraft für Arbeitssicherheit verfügen. Dies kann beispielsweise für Beratungen im Zusammenhang mit Lärmminderungs-, Brandschutz- und Lüftungsmaßnahmen zutreffen. Eine Kombination mit der Grundbetreuung ist in diesen Fällen nicht zulässig.

Unternehmer können sich zur gemeinsamen Nutzung betriebsärztlicher und sicherheitstechnischer Regelbetreuung zusammenschließen, soweit die Möglichkeiten zur Organisation im Betrieb nicht ausreichen.

Die Beschäftigten sind über die Art der praktizierten betriebsärztlichen und sicherheitstechnischen Betreuung zu informieren und darüber in Kenntnis zu setzen, welcher Betriebsarzt und welche Fachkraft für Arbeitssicherheit anzusprechen ist.

Anlage 2
Betriebsärztliche und sicherheitstechnische Regelbetreuung in Betrieben mit mehr als 10 Beschäftigten

(zu § 2 Abs. 3)

1 Allgemeines

Grundlagen von Art und Umfang der betriebsärztlichen und sicherheitstechnischen Betreuung sind die im Betrieb vorliegenden Gefährdungen für Sicherheit und Gesundheit der Beschäftigten sowie die Aufgaben gemäß den §§ 3 bzw. 6 Arbeitssicherheitsgesetz.

Die betriebsärztliche und sicherheitstechnische Betreuung besteht aus der **Grundbetreuung** und dem **betriebsspezifischen Teil der Betreuung.** Grundbetreuung und betriebsspezifische Betreuung bilden zusammen die **Gesamtbetreuung.**

Der Unternehmer hat die Aufgaben der Betriebsärzte und Fachkräfte für Arbeitssicherheit entsprechend den betrieblichen Erfordernissen unter Mitwirkung der betrieblichen Interessenvertretung (z. B. entsprechend Betriebsverfassungsgesetz) sowie unter Verweis auf § 9 Abs. 3 Arbeitssicherheitsgesetz zu ermitteln, aufzuteilen und mit ihnen schriftlich zu vereinbaren.

Die Aufgaben der in allen Betrieben anfallenden **Grundbetreuung** nach Abschnitt 2 werden in Anhang 3 näher erläutert. Maßgeblich für die Bemessung des Betreuungsumfangs der Grundbetreuung sind die für alle Betriebe geltenden Einsatzzeiten gemäß Abschnitt 2.

Zweiter Bestandteil der Gesamtbetreuung ist der **betriebsspezifische Teil,** dessen Aufgaben nach Abschnitt 3 in Anhang 4 näher erläutert werden. Relevanz und Umfang des betriebsspezifischen Teils der Betreuung werden durch den Unternehmer gemäß Abschnitt 3 ermittelt und regelmäßig überprüft.

Der Unternehmer hat sich durch Betriebsarzt und Fachkraft für Arbeitssicherheit bei der Festlegung der Grundbetreuung und des betriebsspezifischen Teils der Betreuung beraten zu lassen.

Die Beschäftigten sind über die Art der praktizierten betriebsärztlichen und sicherheitstechnischen Betreuung zu informieren und darüber in Kenntnis zu setzen, welcher Betriebsarzt und welche Fachkraft für Arbeitssicherheit anzusprechen ist.

Arbeitsmedizinische Vorsorgeuntersuchungen sind nicht auf die Einsatzzeiten der Grundbetreuung anzurechnen, sondern Bestandteil des betriebsspezifischen Teils der Betreuung.

Wegezeiten können nicht als Einsatzzeiten angerechnet werden.

Maßnahmen und Ergebnisse der Leistungserbringung sind im Rahmen der regelmäßigen Berichte von Betriebsarzt und Fachkraft für Arbeitssicherheit nach § 5 zu dokumentieren.

2 Grundbetreuung

Die Grundbetreuung weist drei Betreuungsgruppen auf, für die jeweils feste Einsatzzeiten als Summenwerte für Betriebsarzt und Fachkraft für Arbeitssicherheit gelten. Die Betriebe sind über ihre jeweilige Betriebsart den Betreuungsgruppen gemäß Abschnitt 4 zugeordnet. Für die Grundbetreuung ist je nach Zuordnung in eine der drei Gruppen folgende Einsatzzeit in Stunden pro Beschäftigtem/r und Jahr erforderlich:

	Gruppe I	Gruppe II	Gruppe III
Einsatzzeit (Std./Jahr pro Beschäftigtem/r)	2,5	1,5	0,5

Bei der Aufteilung der Zeiten auf Betriebsärzte und Fachkräfte für Arbeitssicherheit ist ein Mindestanteil von 20 % der Grundbetreuung, jedoch nicht weniger als 0,2 Std./Jahr pro Beschäftigtem/r, für jeden Leistungserbringer anzusetzen.

Die Grundbetreuung umfasst folgende Aufgabenfelder:

1 Unterstützung bei der Gefährdungsbeurteilung (Beurteilung der Arbeitsbedingungen)
 1.1 Unterstützung bei der Implementierung eines Gesamtkonzeptes zur Gefährdungsbeurteilung
 1.2 Unterstützung bei der Durchführung der Gefährdungsbeurteilung
 1.3 Beobachtung der gelebten Praxis und Auswertung der Gefährdungsbeurteilung
2 Unterstützung bei grundlegenden Maßnahmen der Arbeitsgestaltung – Verhältnisprävention
 2.1 Eigeninitiatives Handeln zur Verhältnisprävention an bestehenden Arbeitssystemen
 2.2 Eigeninitiatives Handeln zur Verhältnisprävention bei Veränderung der Arbeitsbedingungen
3 Unterstützung bei grundlegenden Maßnahmen der Arbeitsgestaltung – Verhaltensprävention
 3.1 Unterstützung bei Unterweisungen, Betriebsanweisungen, Qualifizierungsmaßnahmen
 3.2 Motivieren zum sicherheits- und gesundheitsgerechten Verhalten
 3.3 Information und Aufklärung
 3.4 Kollektive arbeitsmedizinische Beratung der Beschäftigten
4 Unterstützung bei der Schaffung einer geeigneten Organisation und Integration in die Führungstätigkeit
 4.1 Integration des Arbeitsschutzes in die Aufbauorganisation
 4.2 Integration des Arbeitsschutzes in die Unternehmensführung
 4.3 Beratung zu erforderlichen Ressourcen zur Umsetzung der Arbeitsschutzmaßnahmen
 4.4 Kommunikation und Information sichern
 4.5 Berücksichtigung der Arbeitsschutzbelange in betrieblichen Prozessen
 4.6 Betriebliche arbeitsschutzspezifische Prozesse organisieren
 4.7 Ständige Verbesserung sicherstellen
5 Untersuchung nach Ereignissen
 5.1 Untersuchungen von Ereignissen, Ursachenanalysen und deren Auswertungen
 5.2 Ermitteln von Unfallschwerpunkten sowie Schwerpunkten arbeitsbedingter Erkrankungen
 5.3 Verbesserungsvorschläge
6 Allgemeine Beratung von Arbeitgebern und Führungskräften, betrieblichen Interessenvertretungen, Beschäftigten
 6.1 Beratung zu Rechtsgrundlagen, Stand der Technik und Arbeitsmedizin, wissenschaftlichen Erkenntnissen
 6.2 Beantwortung von Anfragen
 6.3 Verbreitung der Information im Unternehmen, einschließlich Teambesprechungen
 6.4 Externe Beratung zu speziellen Problemen des Arbeitsschutzes organisieren
7 Erstellung von Dokumentationen, Erfüllung von Meldepflichten
 7.1 Unterstützung bei der Erstellung von Dokumentationen
 7.2 Unterstützung bei der Erfüllung von Meldepflichten gegenüber den zuständigen Behörden und Unfallversicherungsträgern
 7.3 Dokumentation von Vorschlägen an den Arbeitgeber einschließlich Angabe des jeweiligen Umsetzungsstandes

- 7.4 Dokumentation zur eigenen Tätigkeit und zur Inanspruchnahme der Einsatzzeiten
- 8 Mitwirken in betrieblichen Besprechungen
  - 8.1 Direkte persönliche Beratung von Arbeitgebern
  - 8.2 Teilnahme an Dienstgesprächen des Arbeitgebers mit seinen Führungskräften
  - 8.3 Teilnahme an Besprechungen der betrieblichen Beauftragten entsprechend §§ 9, 10 und 11 Arbeitssicherheitsgesetz
  - 8.4 Teilnahme an sonstigen Besprechungen, einschließlich Betriebsversammlung
  - 8.5 Nutzung eines ständigen Kontaktes mit Führungskräften
  - 8.6 Sitzung des Arbeitsschutzausschusses
- 9 Selbstorganisation
  - 9.1 Ständige Fortbildung organisieren (Aktualisierung und Erweiterung)
  - 9.2 Wissensmanagement entwickeln und nutzen
  - 9.3 Erfassen und Aufarbeiten von Hinweisen der Beschäftigten
  - 9.4 Erfahrungsaustausch insbesondere mit den Unfallversicherungsträgern und den zuständigen Behörden nutzen

3 Betriebsspezifischer Teil der Betreuung

Der Bedarf an betriebsspezifischer Betreuung wird vom Unternehmer in einem Verfahren ermittelt, das die nachfolgend aufgeführten Aufgabenfelder sowie Auslöse- und Aufwandskriterien berücksichtigt. Das Verfahren erfordert, dass der Unternehmer alle Aufgabenfelder hinsichtlich ihrer Relevanz für die betriebsärztliche und sicherheitstechnische Betreuung regelmäßig, insbesondere nach wesentlichen Änderungen, prüft. Die Aufgabenfelder sind:

- 1 Regelmäßig vorliegende betriebsspezifische Unfall- und Gesundheitsgefahren, Erfordernisse zur menschengerechten Arbeitsgestaltung
  - 1.1 Besondere Tätigkeiten
  - 1.2 Arbeitsplätze und Arbeitsstätten, die besondere Risiken aufweisen
  - 1.3 Arbeitsaufgaben und Arbeitsorganisation mit besonderen Risiken
  - 1.4 Erfordernis arbeitsmedizinischer Vorsorge
  - 1.5 Erfordernis besonderer betriebsspezifischer Anforderungen beim Personaleinsatz
  - 1.6 Sicherheit und Gesundheit unter den Bedingungen des demografischen Wandels
  - 1.7 Arbeitsgestaltung zur Vermeidung arbeitsbedingter Gesundheitsgefahren, Erhalt der individuellen gesundheitlichen Ressourcen im Zusammenhang mit der Arbeit
  - 1.8 Unterstützung bei der Weiterentwicklung eines Gesundheitsmanagements
- 2 Betriebliche Veränderungen in den Arbeitsbedingungen und in der Organisation
  - 2.1 Beschaffung von grundlegend neuartigen Maschinen, Geräten
  - 2.2 Grundlegende Veränderungen zur Errichtung neuer Arbeitsplätze bzw. der Arbeitsplatzausstattung; Planung, Neuerrichtung von Betriebsanlagen; Umbau, Neubaumaßnahmen
  - 2.3 Einführung völlig neuer Stoffe, Materialien
  - 2.4 Grundlegende Veränderung betrieblicher Abläufe und Prozesse; grundlegende Veränderung der Arbeitszeitgestaltung; grundlegende Änderung, Einführung neuer Arbeitsverfahren
  - 2.5 Spezifische Erfordernisse zur Schaffung einer geeigneten Organisation zur Durchführung der Maßnahmen des

Arbeitsschutzes sowie der Integration in die Führungstätigkeit und zum Aufbau eines Systems der Gefährdungsbeurteilung

3 Externe Entwicklung mit spezifischem Einfluss auf die betriebliche Situation

3.1 Neue Vorschriften, die für den Betrieb umfangreiche Änderungen nach sich ziehen

3.2 Weiterentwicklung des für den Betrieb relevanten Stands der Technik und Arbeitsmedizin

4 Betriebliche Aktionen, Programme und Maßnahmen

Schwerpunktprogramme, Kampagnen sowie Unterstützung von Aktionen zur Gesundheitsförderung

Ein Verfahren zur Ermittlung der Betreuungsleistungen einschließlich der Anwendung der Auslöse- und Aufwandskriterien ist in Anhang 4 näher erläutert.

Die Ermittlung von Dauer und Umfang der betriebsspezifischen Betreuung beinhaltet die Prüfung durch den Unternehmer, welche Aufgaben im Betrieb erforderlich sind, und die Festlegung des entsprechenden Personalaufwandes für die Aufgabenerledigung. Er hat auf der Grundlage des ermittelten Personalaufwandes die Betreuungsleistung mit Betriebsarzt und Fachkraft für Arbeitssicherheit festzulegen und schriftlich zu vereinbaren.

4 Zuordnung der Betriebsarten zu den Betreuungsgruppen

Die nachfolgende Tabelle weist die Zuordnung der Betriebe anhand des WZ-Schlüssels der jeweiligen Betriebsart zu den Betreuungsgruppen der Grundbetreuung nach Abschnitt 2 aus.

Auszug für die Berufsgenossenschaft Rohstoffe und chemische Industrie aus der Klassifikation der Wirtschaftszweige, Ausgabe 2008 (WZ 2008). Eine vollständige Liste mit den Angaben aller Unfallversicherungsträger wird bei der Deutschen Gesetzlichen Unfallversicherung (DGUV) geführt.

Lfd. Nr.	**WZ 2008 Kode**	**WZ 2008 – Bezeichnung (a.n.g. = anderweitig nicht genannt)**	**Gruppe I 2,5 h**	**Gruppe II 1,5 h**	**Gruppe III 0,5 h**
103	**ABSCHNITT B – BERGBAU UND GEWINNUNG VON STEINEN UND ERDEN**				
104	**05**	**Kohlenbergbau**			
105	05.1	Steinkohlenbergbau	x		
108	05.2	Braunkohlenbergbau	x		
111	**06**	**Gewinnung von Erdöl und Erdgas**			
112	06.1	Gewinnung von Erdöl	x		
115	06.2	Gewinnung von Erdgas	x		
118	**07**	**Erzbergbau**			
119	07.1	Eisenerzbergbau	x		
122	07.2	NE-Metallerzbergbau	x		
127	**08**	**Gewinnung von Steinen und Erden, sonstiger Bergbau**			
129	08.11	Gewinnung von Naturwerksteinen und Natursteinen, Kalk- und Gipsstein, Kreide und Schiefer	x		

Lfd. Nr.	WZ 2008 Kode	WZ 2008 – Bezeichnung (a.n.g. = anderweitig nicht genannt)	Gruppe I 2,5 h	Gruppe II 1,5 h	Gruppe III 0,5 h
133	08.9	Sonstiger Bergbau; Gewinnung von Steinen und Erden a.n.g.	x		
142	**09**	**Erbringung von Dienstleistungen für den Bergbau und für die Gewinnung von Steinen und Erden**			
143	09.1	Erbringung von Dienstleistungen für die Gewinnung von Erdöl und Erdgas	x		
146	09.9	Erbringung von Dienstleistungen für den sonstigen Bergbau und die Gewinnung von Steinen und Erden	x		
149	**ABSCHNITT C – VERARBEITENDES GEWERBE**				
150	**10**	**Herstellung von Nahrungs- und Futtermitteln**			
168	10.4	Herstellung von pflanzlichen und tierischen Ölen und Fetten		x	
191	10.81	Herstellung von Zucker		x	
279	**15**	**Herstellung von Leder, Lederwaren und Schuhen**			
281	15.11	Herstellung von Leder und Lederfaserstoff; Zurichtung und Färben von Fellen		x	
283	15.12	Lederverarbeitung (ohne Herstellung von Lederbekleidung)			x
303	**17**	**Herstellung von Papier, Pappe und Waren daraus**			
304	17.1	Herstellung von Holz- und Zellstoff, Papier, Karton und Pappe		x	
309	17.2	Herstellung von Waren aus Papier, Karton und Pappe		x	
320	**18**	**Herstellung von Druckerzeugnissen; Vervielfältigung von bespielten Ton-, Bild- und Datenträgern**			
330	18.2	Vervielfältigung von bespielten Ton-, Bild- und Datenträgern		x	
333	**19**	**Kokerei und Mineralölverarbeitung**			
334	19.1	Kokerei	x		
337	19.2	Mineralölverarbeitung		x	
340	**20**	**Herstellung von chemischen Erzeugnissen**			

Lfd. Nr.	WZ 2008 Kode	WZ 2008 – Bezeichnung (a.n.g. = anderweitig nicht genannt)	Gruppe I 2,5 h	Gruppe II 1,5 h	Gruppe III 0,5 h
341	20.1	Herstellung von chemischen Grundstoffen, Düngemitteln und Stickstoffverbindungen, Kunststoffen in Primärformen und synthetischem Kautschuk in Primärformen		x	
356	20.2	Herstellung von Schädlingsbekämpfungs-, Pflanzenschutz- und Desinfektionsmitteln		x	
359	20.3	Herstellung von Anstrichmitteln, Druckfarben und Kitten		x	
362	20.4	Herstellung von Seifen, Wasch-, Reinigungs- und Körperpflegemitteln sowie von Duftstoffen		x	
367	20.5	Herstellung von sonstigen chemischen Erzeugnissen		x	
376	20.6	Herstellung von Chemiefasern		x	
379	**21**	**Herstellung von pharmazeutischen Erzeugnissen**			
380	21.1	Herstellung von pharmazeutischen Grundstoffen		x	
383	21.2	Herstellung von pharmazeutischen Spezialitäten und sonstigen pharmazeutischen Erzeugnissen		x	
386	**22**	**Herstellung von Gummi- und Kunststoffwaren**			
387	22.1	Herstellung von Gummiwaren		x	
392	22.2	Herstellung von Kunststoffwaren		x	
401	**23**	**Herstellung von Glas und Glaswaren, Keramik, Verarbeitung von Steinen und Erden**			
432	23.5	Herstellung von Zement, Kalk und gebranntem Gips	x		
440	23.62	Herstellung von Gipserzeugnissen für den Bau	x		
442	23.63	Herstellung von Frischbeton (Transportbeton)	x		
444	23.64	Herstellung von Mörtel und anderem Beton (Trockenbeton)	x		
446	23.65	Herstellung von Faserzementwaren	x		
448	23.69	Herstellung von sonstigen Erzeugnissen aus Beton, Zement und Gips a.n.g.	x		

Lfd. Nr.	WZ 2008 Kode	WZ 2008 – Bezeichnung (a.n.g. = anderweitig nicht genannt)	Gruppe I 2,5 h	Gruppe II 1,5 h	Gruppe III 0,5 h
450	23.71	Industrielle Be- und Verarbeitung von Naturwerksteinen und Natursteinen	x		
453	23.91	Herstellung von Schleifkörpern und Schleifmitteln auf Unterlage		x	
456	23.99	Herstellung von sonstigen Erzeugnissen aus nichtmetallischen Mineralien a.n.g.	x		
458	**24**	**Metallerzeugung und -bearbeitung**			
476	24.4	Erzeugung und erste Bearbeitung von NE-Metallen		x	
498	**25**	**Herstellung von Metallerzeugnissen**			
512	25.4	Herstellung von Waffen und Munition		x	
551	**26**	**Herstellung von Datenverarbeitungsgeräten, elektronischen und optischen Erzeugnissen**			
580	26.8	Herstellung von magnetischen und optischen Datenträgern		x	
583	**27**	**Herstellung von elektrischen Ausrüstungen**			
592	27.3	Herstellung von Kabeln und elektrischem Installationsmaterial		x	
663	**29**	**Herstellung von Kraftwagen und Kraftwagenteilen**			
671	29.3	Herstellung von Teilen und Zubehör für Kraftwagen		x	
699	**31**	**Herstellung von Möbeln**			
700	31.0	Herstellung von Möbeln		x	
706	31.03	Herstellung von Matratzen		x	
708	31.09	Herstellung von sonstigen Möbeln		x	
711	**32**	**Herstellung von sonstigen Waren**			
728	32.5	Herstellung von medizinischen und zahnmedizinischen Apparaten und Materialien		x	
784	**ABSCHNITT E – WASSERVERSORGUNG; ABWASSER- UND ABFALLENTSORGUNG UND BESEITIGUNG VON UMWELTVERSCHMUTZUNGEN**				
796	**38**	**Sammlung, Behandlung und Beseitigung von Abfällen; Rückgewinnung**			
802	38.21	Abfallbehandlung und -beseitigung		x	

Lfd. Nr.	WZ 2008 Kode	WZ 2008 – Bezeichnung (a.n.g. = anderweitig nicht genannt)	Gruppe I 2,5 h	Gruppe II 1,5 h	Gruppe III 0,5 h
805	38.22	Behandlung und Beseitigung gefährlicher Abfälle	x		
807	38.3	Rückgewinnung		x	
812	**39**	**Beseitigung von Umweltverschmutzungen und sonstige Entsorgung**		x	
816	**ABSCHNITT F – BAUGEWERBE**				
845	**43**	**Vorbereitende Baustellenarbeiten, Bauinstallation und sonstiges Ausbaugewerbe**			
861	43.3	Sonstiger Ausbau		x	
1433	**ABSCHNITT M – ERBRINGUNG VON FREIBERUFLICHEN, WISSENSCHAFTLICHEN UND TECHNISCHEN DIENSTLEISTUNGEN**				
1458	**71**	**Architektur- und Ingenieurbüros; technische, physikalische und chemische Untersuchung**			
1459	71.1	Architektur- und Ingenieurbüros			x
1470	71.2	Technische, physikalische und chemische Untersuchung			x
1473	**72**	**Forschung und Entwicklung**			
1474	72.1	Forschung und Entwicklung im Bereich Natur-, Ingenieur-, Agrarwissenschaften und Medizin		x	
1491	**74**	**Sonstige freiberufliche, wissenschaftliche und technische Tätigkeiten**			
1505	74.9	Sonstige freiberufliche, wissenschaftliche und technische Tätigkeiten a.n.g.			x

Anlage 3
Alternative bedarfsorientierte betriebsärztliche und sicherheitstechnische Betreuung in Betrieben mit bis zu 50 Beschäftigten

(zu § 2 Abs. 4)

1 Allgemeines

Bei der Anwendung der alternativen bedarfsorientierten betriebsärztlichen und sicherheitstechnischen Betreuung wird der Unternehmer durch Seminare zu Fragen der Sicherheit und des Gesundheitsschutzes im Betrieb informiert und für die Durchführung der erforderlichen Maßnahmen motiviert. Dabei wird er auch dafür sensibilisiert, bei Bedarf die Beratung durch Betriebsärzte und/oder Fachkräfte für Arbeitssicherheit in Anspruch zu nehmen.

Die alternative bedarfsorientierte betriebsärztliche und sicherheitstechnische Betreuung besteht aus Motivations- und Informationsmaßnahmen, Fortbildungsmaßnahmen und der Inanspruchnahme der bedarfsorientierten Betreuung.

Die Beschäftigten werden über die Art der praktizierten betriebsärztlichen und sicherheitstechnischen Betreuung informiert und wissen, welcher Betriebsarzt und welche Fachkraft für Arbeitssicherheit anzusprechen ist.

2 Motivations-, Informations- und Fortbildungsmaßnahmen

Der Umfang der Motivations-, Informations- und Fortbildungsmaßnahmen ergibt sich aus der Zuordnung der Unternehmen zu den drei Betreuungsgruppen nach Anlage 2 Abschnitt 4.

Die nachfolgende Tabelle gibt einen Überblick auf die damit verbundenen Aus- und Fortbildungsmaßnahmen und die darin vermittelten Inhalte. In der Regel sind die betreuungsgruppen- und betriebsspezifischen Motivations- und Informationsmaßnahmen innerhalb von 4 Jahren zu absolvieren.

3 Bedarfsorientierte Betreuung

Nach dem Abschluss der Motivations- und Informationsmaßnahmen kann der Unternehmer über die Notwendigkeit und das Ausmaß einer externen Betreuung selbst entscheiden.

Eine sachgerechte bedarfsorientierte betriebsärztliche und sicherheitstechnische Betreuung im Betrieb erfolgt auf Grundlage der Gefährdungsbeurteilung, die erforderlichenfalls unter Einschaltung von Betriebsarzt und Fachkraft für Arbeitssicherheit mit branchenspezifischen Kenntnissen erstellt bzw. aktualisiert wird. Darüber hinaus ist der Unternehmer verpflichtet, sich bei besonderen Anlässen qualifiziert in Fragen der Sicherheit und des Gesundheitsschutzes durch einen Betriebsarzt oder eine Fachkraft für Arbeitssicherheit mit branchenbezogener Fachkunde betreuen zu lassen. Besondere Anlässe für eine Betreuung durch den Betriebsarzt und die Fachkraft für Arbeitssicherheit können unter anderem sein die

- Planung, Errichtung und Änderung von Betriebsanlagen,
- Einführung neuer Arbeitsmittel, die ein erhöhtes Gefährdungspotenzial zur Folge haben,
- grundlegende Änderung von Arbeitsverfahren,
- Einführung neuer Arbeitsverfahren,
- Gestaltung neuer Arbeitsplätze und -abläufe,
- Einführung neuer Arbeitsstoffe bzw. Gefahrstoffe, die ein erhöhtes Gefährdungspotenzial zur Folge haben,
- Untersuchung von Unfällen und Berufskrankheiten, bzw. des Verdachtes auf Berufserkrankungen,
- Beratung der Beschäftigten über besondere Unfall- und Gesundheitsgefahren bei der Arbeit,
- Erstellung von Notfall- und Alarmplänen.

Weitere Anlässe für das Tätigwerden einer Fachkraft für Arbeitssicherheit können unter anderem sein die

- Durchführung sicherheitstechnischer Überprüfungen und Beurteilungen von Anlagen, Arbeitssystemen und Arbeitsverfahren.

Weitere Anlässe für das Tätigwerden eines Betriebsarztes können unter anderem sein

- eine grundlegende Umgestaltung von Arbeitszeit-, Pausen- und Schichtsystemen,
- die Erforderlichkeit der Durchführung arbeitsmedizinischer Vorsorgeuntersuchungen, Beurteilungen und Beratungen,
- Suchterkrankungen, die ein gefährdungsfreies Arbeiten beeinträchtigen,
- Fragen des Arbeitsplatzwechsels sowie der Eingliederung und Wiedereingliederung behinderter Menschen und der (Wieder-)Eingliederung von Rehabilitanden,
- die Häufung gesundheitlicher Probleme,
- das Auftreten posttraumatischer Belastungszustände,
- die Motivation der Versicherten zu gesundheitsgerechtem Verhalten.

Anlassbezogene Beratungen zu spezifischen Fachthemen können im Einzelfall auch durch Personen mit spezieller anlassbezogener Fachkunde erbracht

Betreuungsgruppe 1	Betreuungsgruppe 2	Betreuungsgruppe 3
	Grundseminare	
• Verantwortung für Sicherheit und Gesundheitsschutz • Gefährdungsbeurteilung • Organisation von Arbeitssicherheit und Gesundheitsschutz • Motive unternehmerischen Handelns • Entwicklung von Handlungsprogrammen • Gefahrenwahrnehmung und sicheres Verhalten • Beratungsangebot der Berufsgenossenschaft		
16 LE	16 LE	8 LE
	Aufbauseminare	
Handlungsfelder sichere Technik • Gefährdungsbeurteilung • Maschinen • Transport und Verkehr 16 LE	**Handlungsfelder sichere Technik** OBLIGATORISCH 6 LE • Gefährdungsbeurteilung im Betrieb BETRIEBSSPEZIFISCH* (jeweils 6 LE) • Maschinen • Transport und Verkehr	**Handlungsfelder sichere und gesunde Arbeitsplätze** Selbstlernphase mit Wirksamkeitskontrolle
+ **Gesundheitsbezogene Aspekte/Gefährdungen durch Stoffe** • Aufgaben zum Gesundheitsschutz spezifischer Problembereiche • Gefahrstoffe • Unterweisung 16 LE	**Gesundheitsbezogene Aspekte/Gefährdungen durch Stoffe** OBLIGATORISCH 6 LE • Grundlegende gesundheitsbezogene Aspekte BETRIEBSSPEZIFISCH* (jeweils 6 LE) • Gefahrstoffe • Explosions- und Brandschutz • Laboratorien	
+ **Schnittstelle Mensch und Arbeitsplatz** • Arbeitsschutzprogramme • Führung und Motivation 16 LE	**Schnittstelle Mensch und Arbeitsplatz** BETRIEBSSPEZIFISCH* (jeweils 6 LE) • Arbeitnehmer • Arbeitsplätze • Ergonomie	
	Fortbildung Aktuelle Themen; mindestens alle:	
3 Jahre 16 LE	5 Jahre 6 LE	5 Jahre 4 LE

LE bedeutet Lehreinheit, 1 LE umfasst 45 Minuten.
* Die Berufsgenossenschaft legt anhand der Gefährdungsmerkmale des Betriebes fest, welche betriebsspezifischen Aufbauseminare zu besuchen sind

werden, die nicht über eine Qualifikation als Betriebsarzt bzw. Fachkraft für Arbeitssicherheit verfügen. Dies kann beispielsweise für Beratungen im Zusammenhang mit Lärmminderungs-, Brandschutz- und Lüftungsmaßnahmen zutreffen.

4 Schriftliche Nachweise

Im Betrieb sind die nachfolgend aufgeführten schriftlichen Nachweise zur Einsichtnahme durch die zuständigen Aufsichtsorgane vorzuhalten:

- Teilnahmenachweis an den Maßnahmen zur Motivation, Information sowie der Fortbildung,
- aktuelle Unterlagen über die im Betrieb durchgeführte Gefährdungsbeurteilung,
- die Berichte nach § 5 dieser Unfallverhütungsvorschrift.

Erfüllt der Unternehmer seine Verpflichtungen im Rahmen der alternativen bedarfsorientierten Betreuungsform nicht, unterliegt er mit seinem Betrieb der Regelbetreuung nach § 2 Abs. 2 oder 3 dieser Unfallverhütungsvorschrift.

Anlage 4

(entfällt)

Anhang 1
Hinweise zur Bestellung und zum Tätigwerden der Betriebsärzte und Fachkräfte für Arbeitssicherheit[1)]

(zu § 2)

Bei Feststellung der Zahl der Beschäftigten zur Zuordnung der Betreuungsmodelle sind Teilzeitbeschäftigte mit einer regelmäßigen wöchentlichen Arbeitszeit von nicht mehr als 20 Stunden mit 0,5 und nicht mehr als 30 Stunden mit 0,75 zu berücksichtigen.

Als Beschäftigte zählen auch Personen, die nach dem Arbeitnehmerüberlassungsgesetz im Betrieb tätig sind.

In Heimarbeit Beschäftigte nach § 2 Abs. 2 Nr. 3 Arbeitsschutzgesetz werden bei der Berechnung der Einsatzzeiten nicht berücksichtigt. Gleiches gilt für Personen, die auf Grund von Werkverträgen im Betrieb tätig werden (z. B. Fremdfirmenmitarbeiter).

Betriebsbegriff

Ein Betrieb im Sinne dieser Unfallverhütungsvorschrift ist eine geschlossene Einheit, die durch organisatorische Eigenständigkeit mit eigener Entscheidungscharakteristik geprägt ist. Die Eingruppierung eines Betriebs in eine Betreuungsgruppe nach Anlage 2 erfolgt unter Berücksichtigung des jeweiligen Betriebszweckes, aber nicht nach Tätigkeiten. Die nachfolgenden Beispiele verdeutlichen die Zuordnung von Betrieben zu ihren jeweiligen Betreuungsgruppen und die Berechnung der Einsatzzeit für die Grundbetreuung:

---

1) Der Anhang 2 enthält keine rechtsverbindlichen Regelungen.

Anhang zu § 2 Abs. 3 i. V. m. Anlage 2 Abschnitt 2 und Abschnitt 4

Beispiele zur Verdeutlichung der Zuordnung von Betrieben zu ihren jeweiligen Betreuungsgruppen und die Berechnung der Einsatzzeit von Betriebsärzten (BA) und Fachkräften für Arbeitssicherheit (Sifa) für die Grundbetreuung

Beispiel 1: Branche Bergbau

	WZ 2008 Kode	WZ 2008 – Bezeichnung	Gruppe	Einsatzzeit BA und Sifa (Stunden pro Jahr und Beschäftig-tem/r)	Zahl der Beschäf-tigten	Einsatz-zeit BA und Sifa (Stunden pro Jahr)
Kohlenbergbau	05.1	Steinkohlen-bergbau	I	2,5	400	1000
Kokerei und Mineralölverar-beitung	19.1	Kokerei	I	2,5	30	75
Sammlung, Behandlung und Beseitigung von Abfällen; Rück-gewinnung	38.22	Behandlung und Beseitigung gefährlicher Abfälle	I	2,5	15	37,5

Beispiel 2: Branche Baustoffe – Steine – Erden

	WZ 2008 Kode	WZ 2008 – Bezeichnung	Gruppe	Einsatzzeit BA und Sifa (Stunden pro Jahr und Beschäftig-tem/r)	Zahl der Beschäf-tigten	Einsatz-zeit BA und Sifa (Stunden pro Jahr)
Gewinnung von Erdöl und Erd-gas	06.1	Gewinnung von Erdöl	I	2,5	73	182,5
Sammlung, Behandlung und Beseitigung von Abfällen; Rück-gewinnung	38.22.0	Rückgewinnung sortierter Werk-stoffe	I	2,5	15	37,5
Erbringung von Dienstleistungen für den Bergbau und für die Gewinnung von Steinen und Erden	49.3	Erbringung von Dienstleistungen für die Gewin-nung von Erdöl und Erdgas	I	2,5	35	87,5

Beispiel 3: Branche Chemische Industrie

	WZ 2008 Kode	WZ 2008 – Bezeichnung	Gruppe	Einsatzzeit BA und Sifa (Stunden pro Jahr und Beschäftig-tem/r)	Zahl der Beschäf-tigten	Einsatz-zeit BA und Sifa (Stunden pro Jahr)
Herstellung von chemischen Erzeugnissen	20.3	Herstellung von Anstrichmitteln, Druckfarben und Kitten	II	1,5	73	109,5

	WZ 2008 Kode	WZ 2008 – Bezeichnung	Gruppe	Einsatzzeit BA und Sifa (Stunden pro Jahr und Beschäftig-tem/r)	Zahl der Beschäf-tigten	Einsatz-zeit BA und Sifa (Stunden pro Jahr)
Sammlung, Behandlung und Beseitigung von Abfällen; Rück-gewinnung	38.21	Abfallbehand-lung und -besei-tigung	II	1,5	15	22,5
Herstellung von Gummi- und Kunststoffwaren	22.1	Herstellung von Gummiwaren	II	1,5	35	52,5
Architektur- und Ingenieurbüros; technische, phy-sikalische und chemische Untersuchung	71.2	Technische, phy-sikalische und chemische Untersuchung	III	0,5	30	15

Beispiel 4: Branche Lederindustrie

	WZ 2008 Kode	WZ 2008 – Bezeichnung	Gruppe	Einsatzzeit BA und Sifa (Stunden pro Jahr und Beschäftig-tem/r)	Zahl der Beschäf-tigten	Einsatz-zeit BA und Sifa (Stunden pro Jahr)
Herstellung von Leder, Lederwa-ren und Schuhen	15.11	Herstellung von Leder und Lederfaserstoff; Zurichtung und Färben von Fel-len	II	1,5	45	67,5
Herstellung von Leder, Lederwa-ren und Schuhen	15.12	Lederverarbei-tung (ohne Her-stellung von Lederbeklei-dung)	III	0,5	25	12,5
Herstellung von Kraftwagen und Kraftwagentei-len	29.3	Herstellung von Teilen und Zube-hör für Kraftwa-gen	II	1,5	40	60

Beispiel 5: Branche Papierherstellung und Ausrüstung

	WZ 2008 Kode	WZ 2008 – Bezeichnung	Gruppe	Einsatzzeit BA und Sifa (Stunden pro Jahr und Beschäftig-tem/r)	Zahl der Beschäf-tigten	Einsatz-zeit BA und Sifa (Stunden pro Jahr)
Herstellung von Papier, Pappe und Waren daraus	17.1	Herstellung von Holz- und Zell-stoff, Papier, Karton und Pappe	II	1,5	51	76,5
Herstellung von Papier, Pappe und Waren daraus	17.2	Herstellung von Waren aus Papier, Karton und Pappe	II	1,5	30	45,0

Beispiel 6: Branche Zucker

	WZ 2008 Kode	**WZ 2008 – Bezeichnung**	**Gruppe**	**Einsatzzeit BA und Sifa (Stunden pro Jahr und Beschäftig-tem/r)**	**Zahl der Beschäf-tigten**	**Einsatz-zeit BA und Sifa (Stunden pro Jahr)**
Herstellung von Nahrungs- und Futtermitteln	10.81	Herstellung von Zucker	II	1,5	120	180

Anhang 2
Branchenspezifische Themen der Ausbildung von Fachkräften für Arbeitssicherheit[1)]
(zu § 4)

Die Ausbildungslehrgänge werden nach den Grundsätzen gestaltet, die das frühere BMA mit Schreiben vom 29. Dezember 1997 an die Träger der gesetzlichen Unfallversicherung im Rahmen der Fachaufsicht festgelegt hat.

Fachkräfte für Arbeitssicherheit, die einen Ausbildungslehrgang mit Erfolg abgeschlossen haben, der nach den Grundsätzen gestaltet war, die das BMA mit Fachaufsichtsschreiben vom 2. Juli 1979 festgelegt hatte, dürfen weiterhin bestellt werden.

Anforderungen an Ausbildung und Tätigkeit der Fachkräfte für Arbeitssicherheit enthält die Broschüre *„Fachkraft für Arbeitssicherheit – Eine anspruchsvolle Zusatzqualifikation – wir bilden Sie aus!"*. Sie wird dem Unternehmer und der angehenden Fachkraft im Vorfeld der Ausbildungsmaßnahmen zugestellt.

Entsprechend Ziffer 7 des Fachaufsichtsschreibens des BMA vom 29. Dezember 1997 (Az: IIIb7-36042-5) zur Ausbildung zur Fachkraft für Arbeitssicherheit werden in der Ausbildungsstufe III (Bereichsbezogene Ausbildung) die erforderlichen bereichsbezogenen Kenntnisse vermittelt, wobei in der Regel auf das in den Ausbildungsstufen I und II erworbene Wissen aufgebaut wird. Dabei werden die Rahmenanforderungen gemäß der Ausbildungskonzeption berücksichtigt, wonach die Rahmenthemen der Ausbildungsstufe III den nachfolgenden 5 Themenfeldern zugeordnet werden:

1. Spezifische Gefährdungsfaktoren,
2. Spezifische Maschinen/Geräte/Anlagen,
3. Spezifische Arbeitsverfahren,
4. Spezifische Arbeitsstätten,
5. Spezifische personalbezogene Themen.

Die Rahmenthemen werden für die Branche Bergbau wie folgt untergliedert:

Rahmen-thema	**Themen-feld**	**Inhalt**	**LE**
1	3	– Metall-Be- und Verarbeitung, unter besonderer Berücksichtigung des Einsatzes von Kühlschmierstoffen – Be- und Verarbeitung von zementhaltigen Baustoffen	4
2	4	– Erkundung und Sanierung von kontaminierten Bereichen – Eigenschaften, Erkennung und Verwendung von Asbest/-zementprodukten	4

[1)] Der Anhang 2 enthält keine rechtsverbindlichen Regelungen.

Rahmen-thema	Themen-feld	Inhalt	LE
3	4	– Bau von Gerüsten – PSA gegen Absturz (BGR 198) – Sicherung gegen Absturz	4
4	1	– Verkehrssicherheit im Betrieb und auf dem Arbeitsweg – Verkehrssicherheit organisieren	5
5	2	– Abbrucharbeiten mit Geräten und von Hand – Neue Arbeitsverfahren und Techniken	2
6	1	– Grubenrettungswesen	2
7	1	– Brand- und Explosionsschutz über Tage und unter Tage	je 2 „über Tage“ und „unter Tage“
8	1	– Bergrechtliche Vorschriften bei der Gewinnung von Steinkohle, Braunkohle, Salz, Grafit, Erz und Ton	2
9	5	– Betrieblicher Atemschutz – Gasmessen und Gasspüren – Stand und Entwicklungstendenzen im Bereich der Atemschutzgerätetechnik	4
10	5	– Belastung und Beanspruchung durch Arbeitszeitgestaltung	5

Die Rahmenthemen werden für die Branche Baustoffe – Steine – Erden wie folgt untergliedert:

Rahmenthema	Lehreinheiten (à 45 min)	Themenfeld	Unterthemen (Lerninhalte)
Schutz vor Sturz aus der Höhe/in die Tiefe	2	Themenfeld 1 „Spezifische Gefährdungsfaktoren“	– Sturzgefährdung, z. B. Sturz vom Gerüst, von Haldenkanten, Anlagen, Maschinen, Geräten – Maßnahmen gegen Sturzgefährdungen
Verkettete und flexible Systeme	8	Themenfeld 2 „Spezifische Maschinen/Geräte/Anlagen“ Themenfeld 4 „Spezifische Arbeitsstätten“	– Maschinen und Geräte der Steine und Erden-Industrie, z. B. Stetigförderer – Anlagen der Steine und Erden-Industrie, z. B. Umlaufanlagen

Rahmenthema	Lehreinheiten (à 45 min)	Themenfeld	Unterthemen (Lerninhalte)
Erzeugung, Bearbeitung, Verarbeitung und Veredelung von Werk- und Baustoffen	6	Themenfeld 2 „Spezifische Maschinen/Geräte/Anlagen“ Themenfeld 3 „Spezifische Arbeitsverfahren“ Themenfeld 4 „Spezifische Arbeitsstätten“	Aufbereitung, Bearbeitung und Verarbeitung unter Berücksichtigung üblicher – Maschinen, Geräte und Anlagen – Verfahren – Arbeitsstätten
Gewinnung von Rohstoffen	6	Themenfeld 2 „Spezifische Maschinen/Geräte/Anlagen“ Themenfeld 3 „Spezifische Arbeitsverfahren“ Themenfeld 4 „Spezifische Arbeitsstätten“	Gewinnung unter Berücksichtigung üblicher – Maschinen, Geräte und Anlagen – Verfahren – Arbeitsstätten
Organisation der Instandhaltung/Störungsbeseitigung	6	Themenfeld 3 „Spezifische Arbeitsverfahren“	– Geplante Instandhaltung – Sichere Durchführung von Winterreparaturen sowie – Weitere Verfahren zur Störungsbeseitigung
Gefährdung/Belastung bestimmter Personengruppen	2	Themenfeld 5 „Spezifische personalbezogene Themen“	– Gefährdung und Belastung z. B. bei Schichtbetrieb, Alleinarbeit, gefährliche Arbeiten

Die Rahmenthemen werden für die Branche Chemische Industrie wie folgt untergliedert:

- Rahmenthema „Brand- und Explosionsschutz“ (12 Lehreinheiten (LE)) aus dem Themenfeld 1 „Spezifische Gefährdungsfaktoren“.
  Angesprochen werden insbesondere die Unterthemen
  - Vorbeugender Brandschutz
  - Abwehrender Brandschutz
  - Bauliche Brandschutzmaßnahmen – Vermeidung explosionsfähiger Atmosphäre
  - Vermeidung von Zündquellen
  - Konstruktiver Explosionsschutz
  - Experimente zum Brand- und Explosionsschutz.
- Rahmenthema „Verkettete und flexible Systeme“ (4 LE) aus dem Themenfeld 2 „Spezifische Maschinen/Geräte/Anlagen“.
  Angesprochen werden insbesondere die Unterthemen
  - Maschinen der chemischen Industrie

  - Steuerungen bei verfahrenstechnischen und verketteten Anlagen.
- Rahmenthema „Chemische Verfahren“ aus den Themenfeldern 3 „Spezifische Arbeitsverfahren“ und 4 „Spezifische Arbeitsstätten“ (16 LE).
  Angesprochen werden insbesondere die Unterthemen
  - Formale Anforderungen der Anlagensicherheit
  - Ausrüstung von Chemieanlagen
  - Systematische Sicherheit in Chemieanlagen
  - Sicherer Betrieb von Chemieanlagen (einschließlich Instandhaltung)
  - Besondere Risiken
  - Biologische Arbeitsstoffe
  - Sprengstoffe.

Das Thema „Sicher arbeiten in Laboratorien“ ist als Selbststudium (CBT) vorgesehen.

Die Rahmenthemen werden für die Branche Lederindustrie wie folgt untergliedert:

- Rahmenthema 1 (3 LE) „Brand- und Explosionsschutz“ aus dem Themenfeld 1 „Spezifische Gefährdungsfaktoren“.
  Angesprochen werden insbesondere die Unterthemen
  - Gefährdungen beim Umgang mit brennbaren Flüssigkeiten, Pasten, Klebstoffen und Lacken
  - Gefährdungen in Bereichen mit erhöhter Staubentwicklung
  - Brandschutztechnische Einrichtungen.
- Rahmenthema 2 (1 LE) „Schutz vor Sturz aus der Höhe/in die Tiefe“ aus dem Themenfeld 1 „Spezifische Gefährdungsfaktoren“.
  Angesprochen wird insbesondere das Unterthema
  - Gefährdungen beim Umgang mit Leitern und Fahrgerüsten.
- Rahmenthema 3 (3 LE) „Verkettete und flexible Systeme“ aus dem Themenfeld 2 „Spezifische Maschinen/Geräte/Anlagen“.
  Angesprochen werden insbesondere die Unterthemen
  - Sicherheitstechnische Anforderungen an verkettete Anlagen
    - der Lederherstellung
    - der Folien- und Bahnenwarenherstellung
    - der Polstermaterial- und Matratzenherstellung
    - von Fertigungslinien der Fahrzeugausstatter
    - zur Herstellung technischer Artikel.
- Rahmenthema 4 (8 LE) „Erzeugung, Bearbeitung, Verarbeitung und Veredelung von Werk- und Baustoffen“ aus den Themenfeldern 2 „Spezifische Maschinen/Geräte/Anlagen“ und 3 „Spezifische Arbeitsverfahren“.
  Angesprochen werden insbesondere die Unterthemen
  - Arbeitssicherheit und Gesundheitsschutz beim Betreiben spezieller Maschinen und Anlagen
  - Spezifische Lärmprobleme, Reduzierung von Lärmeinwirkungen
  - Ergonomische Probleme, z. B. bei sitzenden Tätigkeiten, beim Heben und Tragen von Lasten.
- Rahmenthema 5 (3 LE) „Organisation der Instandhaltung/Störungsbeseitigung“ aus dem Themenfeld 3 „Spezifische Arbeitsverfahren“.
  Angesprochen werden insbesondere die Unterthemen
  - Sichere Störungsbeseitigung an Maschinen und Anlagen mit besonderen Gefährdungen
  - Arbeitssicherheit und Gesundheitsschutz im Bereich von Betriebswerkstätten.
- Rahmenthema 6 (2 LE) „Chemische Verfahren“ aus den Themenfeldern 3 „Spezifische Arbeitsverfahren“ und 4 „Spezifische Arbeitsstätten“.

Angesprochen werden insbesondere die Unterthemen
- Arbeitssicherheit und Gesundheitsschutz beim Umgang mit spezifischen Gefahrstoffen
- Lagerung von spezifischen Gefahrstoffen.

– Rahmenthema 7 (2 LE) „Gefährdung/Belastung bestimmter Personengruppen“ aus dem Themenfeld 5 „Spezifische personalbezogene Themen“.
  Angesprochen werden insbesondere die Unterthemen
  - Gefährdungen bei Arbeiten in Behältern und engen Räumen
  - Einzelarbeitsplätze (Alleinarbeit).

Die Rahmenthemen werden für die Branche Papierherstellung und Ausrüstung wie folgt untergliedert:

– Rahmenthema „Brand- und Explosionsschutz“ (3 LE) aus dem Themenfeld 1 „Spezifische Gefährdungsfaktoren“.
  Angesprochen werden insbesondere die Unterthemen
  - Gefährdungen durch Papierstaub
  - Brandschutzbereiche
  - Brand- und Gesundheitsschutz bei Schweiß-, Trennarbeiten.

– Rahmenthemen „Verkettete und flexible Systeme“ und „Erzeugung, Bearbeitung, Verarbeitung, Veredelung von Werk- und Baustoffen“ (7 LE) aus den Themenfeldern 2 „Spezifische Maschinen/Geräte/Anlagen“ und 3 „Spezifische Arbeitsverfahren“.
  Angesprochen werden insbesondere die Unterthemen
  - Arbeitssicherheit und Gesundheitsschutz bei Neu- und Umbauten
  - Sicherheitstechnische Besonderheiten
  - Spezifische Schutzeinrichtungen und Steuerungen
  - Aufstiege und Laufstege.

– Rahmenthemen „Organisation der Instandhaltung/Störungsbeseitigung“ und „Gefährdung/Belastung bestimmter Personengruppen“ (6 LE) aus den Themenfeldern 3 „Spezifische Arbeitsverfahren“ und 5 „Spezifische personalbezogene Themen“.
  Angesprochen werden insbesondere die Unterthemen
  - Arbeitssicherheit und Gesundheitsschutz bei Arbeiten an laufenden Maschinen
  - Arbeiten bei Kriechgeschwindigkeit
  - Sicherheitsmaßnahmen bei verschiedenen Energiearten
  - Befahrerlaubnis, z. B. für Bütten/Pulper
  - Lärmschutz/Lärmminderungsprogramm.

– Rahmenthemen „Chemische Verfahren“ und „Arbeiten in Bereichen mit Kontaminationsgefahr“ (4 LE) aus den Themenfeldern 1 „Spezifische Gefährdungsfaktoren“, 3 „Spezifische Arbeitsverfahren“ und 4 „Spezifische Arbeitsstätten“.
  Angesprochen werden insbesondere die Unterthemen
  - Gefahrstofflagerung
  - Arbeitssicherheit und Gesundheitsschutz beim Umgang mit Gefahrstoffen
  - Reinigung mit Gefahrstoffen
  - Abwassertechnische Anlagen.

– Rahmenthema „Komplexe Verkehrssituationen“ (4 LE) aus dem Themenfeld 4 „Spezifische Arbeitsstätten“.
  Angesprochen werden insbesondere die Unterthemen
  - Flurförderzeuge und ihre Anbaugeräte
  - Radlader
  - Krane
  - Stetigförderer
  - Transportanlagen.

Die Rahmenthemen werden für die Branche Zucker wie folgt untergliedert:

– Rahmenthema „Brand- und Explosionsschutz“ (6 LE) aus dem Themenfeld 1 „Spezifische Gefährdungsfaktoren“.

Angesprochen werden insbesondere die Unterthemen
- Gefährdungen durch Zuckerstaub
- Gefährdungen durch Pelletstaub
- Brandschutzbereiche
- Explosionsschutzbereiche
- Brand- und Gesundheitsschutz bei Schweiß- und Trennarbeiten.

– Rahmenthemen „Verkettete und flexible Systeme" und „Erzeugung, Bearbeitung, Verarbeitung, Veredelung von Werk- und Baustoffen" (4 LE) aus den Themenfeldern 2 „Spezifische Maschinen/Geräte/Anlagen" und 3 „Spezifische Arbeitsverfahren".
  Angesprochen werden insbesondere die Unterthemen
  - Arbeitssicherheit und Gesundheitsschutz bei Arbeiten an laufenden Maschinen
  - Sicherheitstechnische Besonderheiten
  - Spezifische Schutzeinrichtungen und Steuerungen.
– Rahmenthemen „Organisation der Instandhaltung/Störungsbeseitigung" und „Gefährdung/Belastung bestimmter Personengruppen" (6 LE) aus den Themenfeldern 3 „Spezifische Arbeitsverfahren" und 5 „Spezifische personalbezogene Themen".
  Angesprochen werden insbesondere die Unterthemen
  - Arbeitssicherheit und Gesundheitsschutz bei Arbeiten an laufenden Maschinen
  - Sicherheitsmaßnahmen bei verschiedenen Energiearten
  - Befahrerlaubnis, z. B. für Silos/enge Räume
  - Lärmschutz/Lärmminderungsprogramm.
– Rahmenthemen „ Chemische Verfahren" und „Arbeiten in Bereichen mit Kontaminationsgefahren" (4 LE) aus den Themenfeldern 3 „Spezifische Arbeitsverfahren" und 4 „Spezifische Arbeitsstätten".
  Angesprochen werden insbesondere die Unterthemen
  - Gefahrstofflagerung
  - Arbeitssicherheit und Gesundheitsschutz beim Umgang mit Gefahrstoffen
  - Gefährdungen am Kalkofen
  - Gefährdungen durch Kalkmilch
  - Abwassertechnische Anlagen.
– Rahmenthema „Komplexe Verkehrssituationen" (3 LE) aus dem Themenfeld 4 „Spezifische Arbeitsstätten".
  Angesprochen werden insbesondere die Unterthemen
  - Flurförderzeuge und ihre Anbaugeräte
  - Radlader
  - Stetigförderer
  - Transportanlagen.

Ausbildungsmaßnahmen der Stufe III können bereits in den Zeiträumen zwischen den Präsenzphasen der Ausbildungsstufen I (Grundausbildung) und II (Vertiefende Ausbildung) durchgeführt werden, soweit die erforderlichen fachlichen Kenntnisse vorhanden sind.

Anhang 3
Aufgabenfelder der Grundbetreuung und Beschreibung möglicher Aufgaben[1)]

(zu Anlage 2 Abschnitt 2)

Anhang 3 listet zu den Aufgabenfeldern der Grundbetreuung nach Anlage 2 Abschnitt 2 unverbindlich mögliche Aufgaben von Betriebsarzt und Fachkraft für Arbeitssicherheit auf, die im Rahmen der gesetzlich vorgeschriebenen Aufgaben nach §§ 3 und 6 Arbeitssicherheitsgesetz anfallen können.

1 Unterstützung bei der Gefährdungsbeurteilung (Beurteilung der Arbeitsbedingungen)

1.1 Unterstützung bei der Implementierung eines Gesamtkonzeptes zur Gefährdungsbeurteilung

– Beratung des Arbeitgebers/Leiters des Betriebs bei der Organisation der Gefährdungsbeurteilung

1) Der Anhang 3 enthält keine rechtsverbindlichen Regelungen.

  - Zum Grundanliegen informieren und sensibilisieren
  - Betriebliches Konzept zur Umsetzung entwickeln
  - Regelungen zur Durchführung entwickeln
  - Konzept zur Implementierung eines ständigen Verbesserungsprozesses entwickeln
- Unterstützung der Führungskräfte
  - Zum Grundanliegen, zu betrieblichem Konzept und zu Regelungen zur Durchführung informieren und sensibilisieren
  - Führungskräfte zur eigenständigen Durchführung qualifizieren
  - Hilfsmittel einschl. Dokumentationsvorlagen für Führungskräfte entwickeln und einführen; unter Beteiligung der Führungskräfte bedarfsgerecht anpassen
  - Betriebliche Musterbeispiele entwickeln

1.2 Unterstützung bei der Durchführung der Gefährdungsbeurteilung

- Führungskräfte bei unterschiedlichen Anlässen direkt beraten
- Fachkunde insbesondere bei der Gefährdungsermittlung, Risikobeurteilung und der Ableitung der erforderlichen Maßnahmen als Grundbetreuung einbringen
- Motivierung der Beschäftigten zur Beteiligung unterstützen
- Bei der Wirkungskontrolle erforderlicher Maßnahmen beraten
- Bei der Dokumentation im Sinne von § 6 Arbeitsschutzgesetz (ArbSchG) unterstützen

1.3 Beobachtung der gelebten Praxis und Auswertung der Gefährdungsbeurteilung

- Stichprobenhaft prüfen, ob Beurteilungen der Arbeitsbedingungen bei den relevanten Anlässen in der vorgesehenen Qualität durchgeführt werden (Auditieren)
- Auswertungen zusammenfassen und vergleichen sowie Verbesserungsbedarfe ableiten (z. B. im Rahmen des Jahresberichts)
- Schwerpunktprogramme zur kontinuierlichen Verbesserung vorschlagen

2 Unterstützung bei grundlegenden Maßnahmen der Arbeitsgestaltung – Verhältnisprävention

2.1 Eigeninitiatives Handeln zur Verhältnisprävention an bestehenden Arbeitssystemen

- Erforderliche Arbeitsschutzmaßnahmen überprüfen und Durchführung (Umsetzung) beobachten: Zustand der Arbeitssysteme ermitteln und beurteilen sowie Soll-Zustände festlegen im Hinblick auf Arbeitsmittel, Arbeitsstoffe, Arbeitsorganisation usw. (Erfüllung der Anforderungen nach § 4 ArbSchG)
  - In regelmäßigen Abständen Begehungen durchführen, Gefährdungsermittlungen und -beurteilungen mit geeigneten Methoden; Gesundheitsfaktoren in Arbeitssystemen ermitteln und deren Potenziale beurteilen
  - Arbeitsmittel, Betriebsanlagen, Arbeitsverfahren, Einsatz von Arbeitsstoffen, Arbeitsplatzgestaltung, soziale und sanitäre Einrichtungen überprüfen – unter Beachtung arbeitsphysiologischer, arbeitspsychologischer und sonstiger ergonomischer sowie arbeitshygienischer Fragen
  - Arbeitsablauforganisation einschließlich Arbeitsaufgaben, -rhythmus und Arbeitszeit- und Pausengestaltung überprüfen
  - Arbeitsstätten und Arbeitsumgebung überprüfen
  - Personaleinsatz (Arbeitsplatzwechsel, Alleinarbeit) überprüfen
- Lösungssuche unterstützen, Gestaltungsvorschläge unterbrei-

ten, Durch- und Umsetzung begleiten und darauf hinwirken
  - Technische Maßnahmen (Sicherheitstechnik, Ergonomie, einschließlich Instandhaltung der Schutzeinrichtungen)
  - Organisatorische Maßnahmen
  - Hygienemaßnahmen
  - Auswahl, Erprobung, Einsatz, Benutzung, Instandhaltung von persönlichen Schutzausrüstungen (PSA)
  - Gestaltung organisationsbezogener Gesundheitsfaktoren (Gestaltung von Arbeitsaufgaben, Arbeitsorganisation, Arbeitsumgebung zur Förderung der Gesundheit)
  - Arbeitsplatzwechsel sowie Eingliederung und Wiedereingliederung behinderter Menschen
- Wirkungskontrollen durchführen
  - Durchführung überprüfen
  - Wirksamkeit von durchgeführten Schutzmaßnahmen
  - Auf neue Gefährdungen überprüfen

2.2 Eigeninitiatives Handeln zur Verhältnisprävention bei Veränderung der Arbeitsbedingungen

Z. B. bei Veränderungen von Arbeitsplätzen, Ersatzbeschaffung von Maschinen, Geräten, Änderung von Arbeitsverfahren, Veränderung betrieblicher Abläufe, Prozesse, Einführung von Arbeitsstoffen, Materialien, Veränderungen der Arbeitszeitgestaltung

- Vor Inbetriebnahme bzw. Einführung prüfen auf
  - Erfüllung von sicherheitstechnischen und ergonomischen Anforderungen
  - Vorhandensein von Betriebsanleitungen, Betriebsanweisungen, Sicherheitsdatenblättern usw.
  - Vorhandensein von Warn- und Gefahrenhinweisen
  - Bereitstellung erforderlicher PSA
  - Fortschreibung Gefährdungsbeurteilung
  - Ggf. Ableitung ergänzender Maßnahmen
- Auf grundlegende Änderungen im Sinne des Geräte- und Produktsicherheitsgesetzes (GPSG) prüfen und ggf. erforderliche Maßnahmen einfordern (einschl. Dokumentationen und Nachweise)
- Zu Festlegungen von erforderlichen Prüfungen im Sinne der Betriebssicherheitsverordnung (BetrSichV) beraten

3 Unterstützung bei grundlegenden Maßnahmen der Arbeitsgestaltung – Verhaltensprävention

3.1 Unterstützung bei Unterweisungen, Betriebsanweisungen, Qualifizierungsmaßnahmen

Hinwirken auf und Mitwirken bei, insbesondere

- Aufbau eines Unterweisungssystems und der Durchführung von Unterweisungen
- Erstellung von Betriebsanweisungen
- Entwicklung von Verhaltensregeln
- Durchführung von Qualifizierungsmaßnahmen mit Arbeitsschutzbezug

3.2 Motivieren zum sicherheits- und gesundheitsgerechten Verhalten

Insbesondere

- auf sicherheitsgerechtes und gesundheitsgerechtes Verhalten hinwirken
- auf die Benutzung der PSA hinwirken

3.3 Information und Aufklärung

Beschäftigte informieren und aufklären, insbesondere über

- Unfall- und Gesundheitsgefahren
- sicherheits- und gesundheitsgerechtes Verhalten
- Sicherheits- und Schutzeinrichtungen

3.4 Kollektive arbeitsmedizinische Beratung der Beschäftigten

4 Unterstützung bei der Schaffung einer geeigneten Organisation und Integration in die Führungstätigkeit

4.1 Integration des Arbeitsschutzes in die Aufbauorganisation

Unterstützen, insbesondere bei

- Übertragung von Aufgaben und Befugnissen im Arbeitsschutz
- Kontrolle der Erfüllung der Aufgaben
- Gewährleistung der Beauftragtenorganisation (Arbeitsschutzorganisation: Betriebsarzt, Fachkraft für Arbeitssicherheit, Sicherheitsbeauftragte, Ersthelfer, ...)
- Kooperationsverpflichtung der Führungskräfte mit Betriebsarzt und Fachkraft für Arbeitssicherheit
- Zusammenarbeit mehrerer Arbeitgeber im Sinne des § 8 ArbSchG (Unteraufträge, Zeitarbeit, Baustellen u. Ä.)

4.2 Integration des Arbeitsschutzes in die Unternehmensführung

Unterstützen, insbesondere bei

- Entwicklung einer betrieblichen Arbeitsschutzstrategie durch die oberste Leitung und Bekanntmachen im Betrieb
- Förderung des arbeitsschutzgerechten Führens
- Berücksichtigung der Arbeitsschutzbelange bei strategischen und operativen Entscheidungen

4.3 Beratung zu erforderlichen Ressourcen zur Umsetzung der Arbeitsschutzmaßnahmen

Unterstützen bei der Organisation der Ressourcenbereitstellung, insbesondere hinsichtlich

- erforderlicher Mittel (gemäß § 3 Abs. 2 ArbSchG) zur Umsetzung der Arbeitsschutzmaßnahmen
- Schaffen personeller Voraussetzungen und Sicherstellen erforderlicher Qualifikation:
  - Mitwirken bei der Schulung der Sicherheitsbeauftragten
  - Mitwirken bei der Schulung der Ersthelfer
- Schaffen der organisatorischen Voraussetzungen für die Mitwirkungspflichten der Beschäftigen (gemäß § 3 Abs. 2 ArbSchG)

4.4 Kommunikation und Information sichern

Insbesondere unterstützen beim

- Einrichten und Betreiben des Arbeitsschutzausschusses
- Bereitstellen erforderlicher Informationen für alle Beteiligten

4.5 Berücksichtigung der Arbeitsschutzbelange in betrieblichen Prozessen

Unterstützen, um Arbeitsschutzbelange in betrieblichen Prozessen durch Regelungen organisatorisch sicherzustellen, insbesondere

- in allen Produktions- und Dienstleistungsprozessen (Integration in den betrieblichen Alltag)
- für Investitions- und Planungsprozesse
- für Neubau-, Umbau-, Anbauvorhaben
- für Beschaffung von Arbeitsmitteln (Maschinen, Anlagen, Werkzeuge, Arbeitsstoffe)
- für Vergabe von Aufträgen an Fremdfirmen; Zusammenarbeit mehrerer Arbeitgeber
- für Instandhaltung (z. B. Baulichkeiten, Maschinen, Anlagen)
- für Einstellung neuer Mitarbeiter, Umsetzung von Mitarbeitern

4.6 Betriebliche arbeitsschutzspezifische Prozesse organisieren

Unterstützen, um arbeitsschutzspezifische Prozesse zu organisieren, insbesondere bei

- Umgang mit dem Vorschriften- und Regelwerk zum Arbeits-

schutz (Vorschriften- und Regelwerksmanagement)
- Überwachen des Zustands der Arbeitsbedingungen
- Umgang mit externen Vorgaben zum Arbeitsschutz (Auflagenmanagement)
- Organisation der Ersten Hilfe; Einsatzplanung der Ersthelfer
- Notfallmanagement, Störfallorganisation
- Unfallmeldewesen
- Organisation der arbeitsmedizinischen Vorsorgeuntersuchungen

4.7 Ständige Verbesserung sicherstellen

Unterstützen, insbesondere bei

- der Ableitung und Vorgabe von Zielen aus der Bestandsaufnahme
- der Durchführung von Maßnahmen
- der Bewertung von Stand und Entwicklung
- der Durchführung von Verbesserungsmaßnahmen

5 Untersuchungen nach Ereignissen

5.1 Untersuchung nach Ereignissen, Ursachenanalysen und deren Auswertungen

- Meldepflichtige Unfälle, nichtmeldepflichtige Unfälle, Beinaheunfälle, Erste-Hilfe-Fälle, relevante Zwischenfälle ohne Personenschäden; speziell auch tödliche, lebensbedrohliche und Massenunfälle
- Berufskrankheiten (Verdachtsfälle, anerkannte Berufskrankheiten)
- Arbeitsbedingte Erkrankungen; Auswertung von Gesundheitsberichten von Krankenkassen
- Wegeunfälle

5.2 Ermittlung von Unfallschwerpunkten sowie Schwerpunkten arbeitsbedingter Erkrankungen

5.3 Verbesserungsvorschläge

Ableiten von Verbesserungsvorschlägen aus den Analysen und Untersuchungen zur

- Vermeidung der Wiederholung der eingetretenen Unfälle und Erkrankungen und anderer Ereignisse
- Vermeidung vergleichbarer Unfälle, Erkrankungen und anderer Ereignisse
- Bekämpfung von Unfallschwerpunkten und Schwerpunkten arbeitsbedingter Erkrankungen

6 Allgemeine Beratung von Arbeitgebern und Führungskräften, betrieblichen Interessenvertretungen, Beschäftigten

6.1 Beratung zu Rechtsgrundlagen, Stand der Technik und Arbeitsmedizin, wissenschaftlichen Erkenntnissen

Beobachtung und Auswertung

- von Vorschriften und ihrer Weiterentwicklung
- der Weiterentwicklung des für den Betrieb relevanten Stands der Technik und Arbeitsmedizin bezüglich
  - des Wissensstandes zu Gefährdungen und zu Gesundheitsfaktoren
  - Fortschritt bei Maßnahmen zu Sicherheit und Gesundheit einschl. menschengerechter Arbeitsgestaltung

6.2 Beantwortung von Anfragen

6.3 Verbreitung der Information im Unternehmen, einschließlich Teambesprechungen

6.4 Externe Beratung zu speziellen Problemen des Arbeitsschutzes organisieren

7 Erstellung von Dokumentationen, Erfüllung von Meldepflichten

7.1 Unterstützung bei der Erstellung von Dokumentationen

Insbesondere bei

- Erfüllung spezieller Forderungen (z. B. Explosionsschutz-Dokument)
- Untersuchung von Unfällen und Berufskrankheiten
- Prüfung von Geräten nach BetrSichV
- Unterstützung bei der Dokumentation von Zugangsberechtigungen zu besonders gefährlichen Arbeitsbereichen (§ 9 ArbSchG)
- Unterweisung
- Unterrichtung über Schutzmaßnahmen bei besonderen Gefahren
- Freigabe von Anlagen usw. für spezielle Tätigkeiten
- Übertragung von Aufgaben
- Kontrollen für Alleinarbeit

7.2 Unterstützung bei der Erfüllung von Meldepflichten gegenüber den zuständigen Behörden und Unfallversicherungsträgern

7.3 Dokumentation von Vorschlägen an den Arbeitgeber einschließlich Angabe des jeweiligen Umsetzungsstandes

7.4 Dokumentation zur eigenen Tätigkeit und zur Inanspruchnahme der Einsatzzeiten

8 Mitwirken in betrieblichen Besprechungen

8.1 Direkte persönliche Beratung von Arbeitgebern

8.2 Teilnahme an Dienstgesprächen des Arbeitgebers mit seinen Führungskräften

Insbesondere zu Themen wie

- Aufarbeitungen der bestehenden Risiken im Unternehmen sowie Gesundheitsfaktoren in den Arbeitssystemen
- Umsetzung von Maßnahmen zu Sicherheit und Gesundheit in den Arbeitssystemen
- Analysen der Verankerung des Arbeitsschutzes in allen Tätigkeiten und in die betrieblichen Führungsstrukturen
- Planungen zu Veränderungen von Arbeitssystemen und der betrieblichen Organisation
- Schlussfolgerungen für die Verbesserung von Sicherheit und Gesundheit

8.3 Teilnahme an Besprechungen der betrieblichen Beauftragten entsprechend §§ 9, 10 und 11 Arbeitssicherheitsgesetz

8.4 Teilnahme an sonstigen Besprechungen, einschließlich Betriebsversammlungen

8.5 Nutzung eines ständigen Kontaktes mit Führungskräften

8.6 Sitzungen des Arbeitsschutzausschusses

Insbesondere

- Vorbereitung
- Teilnahme
- Auswertungen

9 Selbstorganisation

9.1 Ständige Fortbildung organisieren (Aktualisierung und Erweiterung)

9.2 Wissensmanagement entwickeln und nutzen

9.3 Erfassen und Aufarbeiten von Hinweisen der Beschäftigten

9.4 Erfahrungsaustausch insbesondere mit den Unfallversicherungsträgern und den zuständigen Behörden nutzen

Anhang 4 Betriebsspezifischer Teil der Betreuung[1]

(zu Anlage 2 Abschnitt 3)

Anhang 4 beschreibt unverbindlich die zu berücksichtigenden Aufgabenfelder sowie Auslöse- und Aufwandskriterien und Leistungen, die im Rahmen der gesetzlich vorgeschriebenen Aufgaben nach §§ 3 und 6 Arbeitssicherheitsgesetz ergänzend zur Grundbetreuung betriebsspezifisch erforderlich sein können. Weitere Aufgaben können sich anhand der betrieblichen Erfordernisse und der Gefährdungsbeurteilung ergeben.

A Verfahren zur Ermittlung der Betreuungsleistungen des betriebsspezifischen Teils der Betreuung

Relevanz und Umfang des betriebsspezifischen Teils der Betreuung sind durch den Arbeitgeber zu ermitteln und regelmäßig zu überprüfen. Dabei hat er sich durch Betriebsarzt und Fachkraft für Arbeitssicherheit beraten zu lassen. Die folgenden Tabellen beschreiben die bei der Ermittlung und Überprüfung zu berücksichtigenden Aufgabenfelder, Auslöse- und Aufwandskriterien sowie zu erbringende Leistungen, die im Rahmen der gesetzlich vorgeschriebenen Aufgaben nach §§ 3 und 6 Arbeitssicherheitsgesetz ergänzend zur Grundbetreuung betriebsspezifisch erforderlich sein können.

Für jedes Aufgabenfeld der nachfolgenden Tabellen sind in zwei Spalten Auslösekriterien und Aufwandskriterien beschrieben. Die Ermittlung und Überprüfung erfolgt in zwei Schritten, die jeweils in Teilschritte unterteilt sind.

Schritt 1:

Prüfung der Relevanz der Aufgabenfelder

Jedes Aufgabenfeld ist anhand der beschriebenen Auslösekriterien auf seine Relevanz für eine betriebsspezifische Betreuung zu prüfen. Die Auslösekriterien beschreiben betriebliche Zustände für die einzelnen Aufgabenfelder, deren Zutreffen mit „ja“ oder „nein“ zu beantworten ist. Bei mindestens einem „ja“ in einem Aufgabenfeld ist die Auslöseschwelle für die betriebsspezifische Betreuung für das jeweilige Aufgabenfeld überschritten.

Teilschritt 1.1:

Pro Aufgabenfeld jedes Auslösekriterium bewerten nach trifft zu: „ja“ oder „nein“. Die Zusammenstellung der Auslösekriterien in den nachfolgenden Tabellen ist nicht abschließend. In der jeweils letzten Zeile (gekennzeichnet mit fortlaufendem Buchstaben und ...) können weitere betriebsspezifische Auslösekriterien ergänzt werden.

Teilschritt 1.2:

Jedes Aufgabenfeld überprüfen, ob die Auslöseschwelle überschritten ist. Wenn mindestens eines der Auslösekriterien in einem Aufgabenfeld zutrifft, ist die Auslöseschwelle überschritten, und für dieses Aufgabenfeld ist dann eine betriebsspezifische Betreuung erforderlich. Pro Aufgabenfeld bestimmen: Betriebsspezifische Betreuung erforderlich: „ja“ oder „nein“.

Teilschritt 1.3:

Feststellen der zeitlichen Dauer des Erfordernisses betriebsspezifischer Betreuung. Nur wenn einzelne Auslösekriterien aufgrund spezifischer Bedingungen zeitlich befristet zutreffen, kann auch die betriebsärztliche und sicherheitstechnische Betreuung für diesen Teil des Aufgabenfeldes zeitlich befristet sein. Treten temporäre Anlässe betriebsspezifisch wiederholend auf, ergibt sich dafür eine ständige betriebsärztliche und sicherheitstechnische Betreuung.

Schritt 2:

Festlegen der Leistungen und des Personalaufwandes

Die Festlegung der Leistungen und des Personalaufwandes erfolgt mithilfe von Aufwandskriterien. Aufwandskriterien sind Beschreibungen der möglichen Leistungen von Betriebsarzt und Fach-

[1] Der Anhang 4 enthält keine rechtsverbindlichen Regelungen.

kraft für Arbeitssicherheit, aus denen sich der Aufwand für die betriebsspezifische Betreuung ableiten und quantitativ abschätzen lässt.

Teilschritt 2.1:

Ermitteln und Festlegen der betriebsärztlichen und sicherheitstechnischen Leistungen für jedes Aufgabenfeld, bei dem die Auslöseschwelle überschritten ist. Mithilfe der Spalte „Beschreibung der Leistungen“ in den nachfolgenden Tabellen sind die Leistungen für den betriebsspezifischen Teil der Betreuung bezogen auf die konkreten betrieblichen Bedingungen inhaltlich zu beschreiben und betrieblich zu vereinbaren.

Teilschritt 2.2:

Ermitteln und Festlegen des betrieblich erforderlichen Personalaufwandes für jedes Aufgabenfeld, getrennt für den Betriebsarzt und die Fachkraft für Arbeitssicherheit. Anhand der Leistungsbeschreibung ist in der Spalte „Personalaufwand“ jeweils getrennt für den Betriebsarzt und für die Fachkraft für Arbeitssicherheit für das jeweilige gesamte Aufgabenfeld der Personalaufwand in Stunden festzulegen. Der Aufwand soll möglichst als Stunden/pro Jahr bezogen auf ein Jahr festgelegt werden. Handelt es sich um eine temporäre Aufgabe, die über mehrere Jahre auftritt, soll der Jahresaufwand getrennt für die relevanten Jahre ermittelt werden.

B Leistungsermittlung

1 Regelmäßig vorliegende betriebsspezifische Unfall- und Gesundheitsgefahren, Erfordernisse zur menschengerechten Arbeitsgestaltung

1.1 Besondere Tätigkeiten

<table>
<tr><th colspan="3">Auslösekriterien</th><th colspan="3">Aufwandskriterien</th></tr>
<tr><th rowspan="2">Auslösekriterien für betriebsspezifische Betreuung</th><th colspan="2">Trifft zu</th><th rowspan="2">Beschreibung der Leistungen insgesamt für Auslösekriterien a) bis j)</th><th colspan="2">Personalaufwand</th></tr>
<tr><th>ja</th><th>nein</th><th>BA</th><th>Sifa</th></tr>
<tr><td>a) Feuerarbeiten in brand- und explosionsgefährdeten Bereichen</td><td>☐</td><td>☐</td><td rowspan="5">• Ermitteln und Analysieren der spezifischen Gefährdungssituation (Gefährdungsfaktoren, Quellen, gefahrbringende Bedingungen, Wechselwirkungen)
• Spezifische tätigkeitsbezogene Risikobeurteilungen
• Ermitteln des relevanten Stands der Technik und Arbeitsmedizin
• Beratung zum Festlegen von Soll-Zuständen für die ermittelten Risiken
• Entwickeln von Schutzkonzepten</td><td></td><td></td></tr>
<tr><td>b) Gefährliche Arbeiten an unter Druck stehenden Anlagen</td><td>☐</td><td>☐</td><td></td><td></td></tr>
<tr><td>c) Arbeiten in gasgefährdeten Bereichen</td><td>☐</td><td>☐</td><td></td><td></td></tr>
<tr><td>d) Andere gefährliche Arbeiten (Schweißen in engen Räumen, Sprengarbeiten, Fällen von Bäumen, …)</td><td>☐</td><td>☐</td><td></td><td></td></tr>
<tr><td>e) Arbeiten unter Infektionsgefahren</td><td>☐</td><td>☐</td><td></td><td></td></tr>
</table>

Auslösekriterien			Aufwandskriterien		
Auslösekriterien für betriebsspezifische Betreuung	**Trifft zu**		**Beschreibung der Leistungen insgesamt für Auslösekriterien a) bis j)**	**Personalaufwand**	
	ja	**nein**		**BA**	**Sifa**
f) Umgang mit ionisierender Strahlung, Arbeiten im Bereich elektromagnetischer Felder	☐	☐	• Entwickeln von Schutzkonzepten • Umsetzen der Schutzkonzepte unterstützen und begleiten • Durchführen von regelmäßigen Wirkungskontrollen • Gefährdungsbeurteilung fortschreiben		
g) Alleinarbeit	☐	☐			
h) Andere Tätigkeiten, die besondere Schutzmaßnahmen erfordern	☐	☐			
i) Tätigkeiten, die nicht typisch für den Wirtschaftszweig bzw. für das Kerngeschäft des Betriebs sind	☐	☐			
j) ...	☐	☐			
Betriebsspezifische Betreuung erforderlich:					
Bei mindestens einem zutreffenden „Ja" ist betriebsspezifische Betreuung erforderlich	**ja** ☐	**nein** ☐	**Personalaufwand in Stunden für das Aufgabenfeld insgesamt (siehe Teilschritt 2.2):**	Std.	Std.

1.2 Arbeitsplätze und Arbeitsstätten, die besondere Risiken aufweisen

Auslösekriterien			Aufwandskriterien		
Auslösekriterien für betriebsspezifische Betreuung	**Trifft zu**		**Beschreibung der Leistungen insgesamt für Auslösekriterien a) bis j)**	**Personalaufwand**	
	ja	**nein**		**BA**	**Sifa**
a) Vielzahl von unterschiedlichen Quellen bzw. besondere gefahrbringende Bedingungen für spezifische Gefährdungen (z. B. Lärmquellen)	☐	☐	• Ermitteln und Analysieren der spezifischen Gefährdungssituation (Gefährdungsfaktoren, Quellen, gefahrbringende Bedingungen, Wechselwirkungen, ...)		

Auslösekriterien			Aufwandskriterien		
Auslösekriterien für betriebsspezifische Betreuung	**Trifft zu**		**Beschreibung der Leistungen insgesamt für Auslösekriterien a) bis j)**	**Personalaufwand**	
	ja	**nein**		**BA**	**Sifa**
b) Vielzahl von unterschiedlichen Gefahrstoffen	☐	☐	• Spezifische Risikobeurteilungen für die Arbeitsplätze, -stätten • Beratung zum Festlegen von Soll-Zuständen • Ermitteln des relevanten Stands der Technik und Arbeitsmedizin • Entwickeln von Schutzkonzepten • Umsetzung der Schutzkonzepte unterstützen und begleiten • Durchführen von regelmäßigen Wirkungskontrollen • Gefährdungsbeurteilung fortschreiben		
c) Arbeitsplätze, die besondere Schutzmaßnahmen bei Tätigkeiten mit krebserzeugenden, erbgutverändernden und fruchtbarkeitsgefährdenden Gefahrstoffen gemäß Gefahrstoffverordnung erfordern	☐	☐			
d) Arbeitsplätze, an denen mit biologischen Arbeitsstoffen der Risikogruppe 4 gemäß Biostoffverordnung umgegangen wird	☐	☐			
e) Gefährliche Arbeitsgegenstände (Abmessungen, Gewichte, Oberflächenbeschaffenheit, thermische Zustände, …) bzw. besondere gefahrbringende Bedingungen im Umgang	☐	☐			
f) Arbeiten an hohen Masten, Türmen und an anderen hochgelegenen Arbeitsplätzen	☐	☐			
g) Unübersichtliches Werksgelände mit innerbetrieblichem Transport und Verkehr	☐	☐			

Auslösekriterien			Aufwandskriterien		
Auslösekriterien für betriebsspezifische Betreuung	**Trifft zu**		**Beschreibung der Leistungen insgesamt für Auslösekriterien a) bis j)**	**Personalaufwand**	
	ja	**nein**		**BA**	**Sifa**
h) Arbeitsplätze, die besondere Schutzmaßnahmen erfordern	☐	☐			
i) Arbeitsplätze mit speziellen Anforderungen an die Funktionsfähigkeit sowie an die Überprüfung der Wirksamkeit von Schutzmaßnahmon (Beispiel: Umfangreiche Prüfungen nach BetrSichV – beachte insbes. § 3 Abs. 3, sowie §§ 10 und 14 ff. BetrSichV)	☐	☐			
j) …	☐	☐			
Betriebsspezifische Betreuung erforderlich:					
Bei mindestens einem zutreffenden „Ja“ ist betriebsspezifische Betreuung erforderlich	**ja** ☐	**nein** ☐	**Personalaufwand in Stunden für das Aufgabenfeld insgesamt (siehe Teilschritt 2.2):**	Std.	Std.

1.3 Arbeitsaufgaben und Arbeitsorganisation mit besonderen Risiken

Auslösekriterien			Aufwandskriterien		
Auslösekriterien für betriebsspezifische Betreuung	**Trifft zu**		**Beschreibung der Leistungen für Auslösekriterien a) bis j)**	**Personalaufwand**	
	ja	**nein**		**BA**	**Sifa**
Tätigkeiten mit Potenzialen psychischer und physischer Fehlbeanspruchung:					

<table>
<tr><th colspan="3">Auslösekriterien</th><th colspan="3">Aufwandskriterien</th></tr>
<tr><th rowspan="2">Auslösekriterien für betriebsspezifische Betreuung</th><th colspan="2">Trifft zu</th><th rowspan="2">Beschreibung der Leistungen für Auslösekriterien a) bis j)</th><th colspan="2">Personalaufwand</th></tr>
<tr><th>ja</th><th>nein</th><th>BA</th><th>Sifa</th></tr>
<tr><td>a) Anforderungen aus der Arbeitsaufgabe (hohe Aufmerksamkeitsanforderungen, große Arbeitsmenge, besonderer Schwierigkeitsgrad, …) mit Potenzialen psychischer Fehlbeanspruchungen</td><td>☐</td><td>☐</td><td rowspan="3">• Analyse der Anforderungen aus Arbeitsaufgabe und -organisation an die Psyche
• Ermitteln spezifischer Quellen und Bedingungen der psychischen Belastungen im Arbeitssystem
• Beurteilen der Gesundheitsrisiken durch psychische Fehlbeanspruchungen
• Beratung zum Bestimmen von Soll-Zuständen zur Vermeidung von psychischen Fehlbeanspruchungen
• Ermitteln des Stands der Technik und Arbeitsmedizin zur menschengerechten Gestaltung der Arbeitsaufgaben und der Arbeitsorganisation
• Unterstützen bei der Entwicklung von Gestaltungslösungen
• Umsetzung der Gestaltungslösungen unterstützen und begleiten
• Durchführen von regelmäßigen Wirkungskontrollen
• Gefährdungsbeurteilung fortschreiben</td><td></td><td></td></tr>
<tr><td>b) Anforderungen aus der Arbeitsorganisation (Arbeitsablauf, Störungshäufigkeiten, Art der Zusammenarbeit, …) mit Potenzialen psychischer Fehlbeanspruchungen</td><td>☐</td><td>☐</td><td></td><td></td></tr>
<tr><td>c) Andere Anforderungen mit Potenzialen psychischer Fehlbeanspruchungen</td><td>☐</td><td>☐</td><td></td><td></td></tr>
<tr><td>d) Tätigkeiten mit Potenzialen physischer Fehlbeanspruchungen: Manuelle Handhabung von Lasten (Hohe Risikostufe gem. Leitmerkmalmethode)</td><td>☐</td><td>☐</td><td>• Analyse der Anforderungen an die Physis
• Ermitteln spezifischer Quellen und Bedingungen physischer Belastungen im Arbeitssystem</td><td></td><td></td></tr>
</table>

Auslösekriterien			Aufwandskriterien		
Auslösekriterien für betriebsspezifische Betreuung	**Trifft zu**		**Beschreibung der Leistungen für Auslösekriterien a) bis j)**	**Personalaufwand**	
	ja	**nein**		**BA**	**Sifa**
e) Tätigkeiten mit Potenzialen physischer Fehlbeanspruchungen: Häufig wiederkehrende kurzzyklische Bewegung kleiner Muskelgruppen	☐	☐	• Beurteilen der Gesundheitsrisiken durch physische Fehlbeanspruchungen • Beratung zum Bestimmen von Soll-Zuständen zur Vermeidung von physischen Fehlbeanspruchungen • Ermitteln des Stands der Technik und Arbeitsmedizin zur Reduzierung physischer Fehlbeanspruchungen und zur menschengerechten Arbeitsgestaltung • Unterstützen bei der Entwicklung von Gestaltungslösungen • Umsetzung der Gestaltungslösungen unterstützen und begleiten • Durchführen von regelmäßigen Wirkungskontrollen • Gefährdungsbeurteilung fortschreiben		
f) Tätigkeiten mit Potenzialen physischer Fehlbeanspruchungen: Arbeit in Zwangshaltungen	☐	☐			
g) Tätigkeiten mit Potenzialen physischer Fehlbeanspruchungen: Statische Arbeit (z. B. Haltearbeit)	☐	☐			
h) Schichtarbeit mit Nachtarbeitsanteilen	☐	☐	• Analyse der betrieblichen Schichtarbeitssituation und ihrer Bedingungen • Beurteilen der gesundheitlichen Risiken der Schichtarbeit • Ermitteln des relevanten Stands der Technik und Arbeitsmedizin zur Schichtarbeit • Beratung zum Bestimmen von Soll-Zuständen zur Schichtarbeit • Unterstützen bei der Entwicklung von Gestaltungslösungen		

Auslösekriterien			Aufwandskriterien		
Auslösekriterien für betriebsspezifische Betreuung	**Trifft zu**		**Beschreibung der Leistungen für Auslösekriterien a) bis j)**	**Personalaufwand**	
	ja	**nein**		**BA**	**Sifa**
			• Umsetzung der Gestaltungslösungen unterstützen und begleiten • Durchführen von regelmäßigen Wirkungskontrollen • Gefährdungsbeurteilung fortschreiben		
i) Einsatz von Fremdfirmen mit einem betriebs- bzw. tätigkeitsspezifischen Gefährdungspotenzial	☐	☐	• Ermitteln betrieblicher Einsatzbedingungen von Fremdfirmen • Ermitteln der Gefährdungen und spezifischen gefahrbringenden Bedingungen im Zusammenhang mit dem Fremdfirmeneinsatz • Risikobeurteilung zum Fremdfirmeneinsatz • Unterstützen bei der Erfüllung der Auswahl-, Informations- und Koordinierungspflichten, Vertragsgestaltung, Erlass betrieblicher Regelungen • Regelmäßige Kontrollen des Fremdfirmeneinsatzes • Gefährdungsbeurteilung fortschreiben		
j) …	☐	☐			
Betriebsspezifische Betreuung erforderlich:					
Bei mindestens einem zutreffenden „Ja“ ist betriebsspezifische Betreuung erforderlich	**ja** ☐	**nein** ☐	**Personalaufwand in Stunden für das Aufgabenfeld insgesamt (siehe Teilschritt 2.2):**	Std.	Std.

1.4 Erfordernis arbeitsmedizinischer Vorsorge

Auslösekriterien			Aufwandskriterien		
Auslösekriterien für betriebsspezifische Betreuung	**Trifft zu**		**Beschreibung der Leistungen für Auslösekriterien a) bis c)**	**Personalaufwand**	
	ja	**nein**		**BA**	**Sifa**
a) Pflichtuntersuchungen erforderlich	☐	☐	• Erkenntnisse beschaffen über die konkreten Arbeitsbedingungen • Individuelles Aufklären der Beschäftigten über die Untersuchungen • Durchführen der Untersuchungen • Beraten der Beschäftigten zum Ergebnis • Bescheinigungen erstellen • Auswerten und Ableiten von Konsequenzen für Schutzmaßnahmen • Umsetzung der Maßnahmen begleiten • Wirkungskontrollen		
b) Angebotsuntersuchungen erforderlich	☐	☐			
c) Wunschuntersuchungen gefordert	☐	☐			
Betriebsspezifische Betreuung erforderlich:					
Bei mindestens einem zutreffenden „Ja“ ist betriebsspezifische Betreuung erforderlich	**ja** ☐	**nein** ☐	**Personalaufwand in Stunden für das Aufgabenfeld insgesamt (siehe Teilschritt 2.2):**	Std.	Std.

1.5 Erfordernis besonderer betriebsspezifischer Anforderungen beim Personaleinsatz

Auslösekriterien			Aufwandskriterien		
Auslösekriterien für betriebsspezifische Betreuung	**Trifft zu**		**Beschreibung der Leistungen für Auslösekriterien a) bis i)**	**Personalaufwand**	
	ja	**nein**		**BA**	**Sifa**
a) Anforderungen an die Qualifikation und andere personelle Voraussetzungen der Beschäftigten entsprechend Forderungen in speziellen Vorschriften	☐	☐	• Ermitteln spezifischer personeller Anforderungen • Beraten und Unterstützen bei der Erfüllung besonderer Qualifikationsanforderungen und anderer personenbezogener Anforderungen		

Auslösekriterien			Aufwandskriterien		
Auslösekriterien für betriebsspezifische Betreuung	**Trifft zu**		**Beschreibung der Leistungen für Auslösekriterien a) bis i)**	**Personalaufwand**	
	ja	**nein**		**BA**	**Sifa**
b) Qualifikationsanforderungen für Notfallsituationen	□	□	• Unterstützen bei der Erarbeitung betrieblicher Regelungen zur Beachtung personeller Anforderungen • Regelmäßige Kontrolle der Erfüllung der Anforderungen		
c) Personalentwicklungsmaßnahmen (PE) zum Arbeitsschutz	□	□	• Ermitteln des Qualifizierungsbedarfs im Arbeitsschutz • Ermitteln von betrieblichen zielgruppenspezifischen PE-Maßnahmen und der Integration von Arbeitsschutzbelangen • Unterstützen bei der Entwicklung von PE-Maßnahmen zu Sicherheit und Gesundheit bei der Arbeit • Hinwirken auf die Berücksichtigung von Arbeitsschutzbelangen in PE-Maßnahmen • Regelmäßiges Beobachten und Auswerten der Wirkungen von PE-Maßnahmen		
d) Besondere Personengruppen (Schwangere, Jugendliche, ...)	□	□	• Ermitteln besonders schutzbedürftiger Personen • Ermitteln der Gefährdungen, denen besonders schutzbedürftige Personen ausgesetzt sind • Beurteilen gesundheitlicher Risiken • Beratung zum Festlegen von Soll-Zuständen für den Schutz solcher Personen		

Auslösekriterien			Aufwandskriterien		
Auslösekriterien für betriebsspezifische Betreuung	**Trifft zu**		**Beschreibung der Leistungen für Auslösekriterien a) bis i)**	**Personalaufwand**	
	ja	**nein**		**BA**	**Sifa**
			• Unterstützen bei der Entwicklung von Gestaltungslösungen und Einsatzmöglichkeiten • Umsetzung der Gestaltungslösungen unterstützen und begleiten • Durchführen von Wirkungskontrollen • Gefährdungsbeurteilung fortschreiben		
e) Einsatz von Zeitarbeitnehmern	□	□	• Unterstützen bei der erstmaligen Durchführung von Gefährdungsbeurteilungen für Zeitarbeitnehmer • Beraten bei der Auswahl von Zeitarbeitsunternehmen • Beraten bei der Vertragsgestaltung • Regelmäßige Überprüfung der Arbeitsplätze und Arbeitsbedingungen der Zeitarbeitnehmer • Unterstützen bei der Einweisung und Unterweisung der Zeitarbeitnehmer • Beraten zu besonderen Problemen der Zeitarbeit		
f) Anforderungen an den Arbeitsprozess zur Teilhabe behinderter Menschen	□	□	• Systematische Analyse der Bedingungen zur Teilhabe • Analysieren von Kompensationsmöglichkeiten • Vergleichen von Fähigkeits- und Anforderungsprofilen • Unterstützen bei Suche nach Teilhabemöglichkeiten		

Auslösekriterien			Aufwandskriterien		
Auslösekriterien für betriebsspezifische Betreuung	**Trifft zu**		**Beschreibung der Leistungen für Auslösekriterien a) bis i)**	**Personalaufwand**	
	ja	**nein**		**BA**	**Sifa**
			• Unterstützen bei Entwicklung von spezifischen Arbeitsgestaltungsmaßnahmen • Zusammenarbeit mit den relevanten Beauftragten • Hinwirken auf und Mitwirken beim Abschluss von Integrationsvereinbarungen • Hinwirken auf die Einbindung überbetrieblicher Institutionen und Kooperieren mit diesen		
g) Wiedereingliederung von Beschäftigten	☐	☐	• Mitwirken im Rahmen eines betrieblichen Wiedereingliederungsmanagements • Spezifizieren der Gefährdungsbeurteilung im Hinblick auf die besonderen Leistungsvoraussetzungen • Ermitteln des Anpassungsbedarfs der Arbeitssysteme • Mitwirken bei der Entwicklung von Gestaltungslösungen und -konzepten zur Wiedereingliederung • Unterstützen bei der Umsetzung der Gestaltungslösungen • Hinwirken auf die Einbindung überbetrieblicher Institutionen und Kooperieren mit diesen		

Auslösekriterien			Aufwandskriterien		
Auslösekriterien für betriebsspezifische Betreuung	**Trifft zu**		**Beschreibung der Leistungen für Auslösekriterien a) bis i)**	**Personalaufwand**	
	ja	**nein**		**BA**	**Sifa**
h) Betriebsspezifischer Aufwand für die Gewährleistung von Sicherheit und Gesundheit verursacht durch Dritte (z. B, Kinder, Schüler, Studenten, Publikumsverkehr, Kunden, ...)	☐	☐	• Unterstützen bei der erstmaligen Durchführung von Gefährdungsbeurteilungen zur Berücksichtigung möglicher Gefährdungen der Beschäftigten durch dritte Personen • Regelmäßige Überprüfung der Arbeitsplätze und Arbeitsbedingungen hinsichtlich möglicher Gefährdungen durch dritte Personen • Beraten zu besonderen Problemen zu Sicherheit und Gesundheit		
i) ...	☐	☐			
Betriebsspezifische Betreuung erforderlich:					
Bei mindestens einem zutreffenden „Ja“ ist betriebsspezifische Betreuung erforderlich	**ja** ☐	**nein** ☐	**Personalaufwand in Stunden für das Aufgabenfeld insgesamt (siehe Teilschritt 2.2):**	Std.	Std.

1.6 Sicherheit und Gesundheit unter den Bedingungen des demografischen Wandels

Auslösekriterien			Aufwandskriterien		
Auslösekriterien für betriebsspezifische Betreuung	**Trifft zu**		**Beschreibung der Leistungen insgesamt für Auslösekriterien a) bis e)**	**Personalaufwand**	
	ja	**nein**		**BA**	**Sifa**
a) Hoher Anteil von älteren Beschäftigten	☐	☐	• Analyse der Belegschaftssituation und des betrieblichen Umfeldes unter demografischen Aspekten von Sicherheit und Gesundheit		

Auslösekriterien			Aufwandskriterien		
Auslösekriterien für betriebsspezifische Betreuung	**Trifft zu** **ja**	 **nein**	**Beschreibung der Leistungen insgesamt für Auslösekriterien a) bis e)**	**Personalaufwand** **BA**	 **Sifa**
b) Divergenz zwischen Fähigkeitsprofil der Beschäftigten und Anforderungsprofil durch die Arbeitsaufgabe unter den Bedingungen alternder Belegschaften	☐	☐	• Analyse der Belegschaftssituation und des betrieblichen Umfeldes unter demografischen Aspekten von Sicherheit und Gesundheit • Beurteilen des Bedarfs zur menschengerechten Arbeitsgestaltung unter demografischen Aspekten • Beurteilen der Risiken für älter werdende Belegschaften und ältere Beschäftigte • Ableiten von Soll-Zuständen • Entwickeln von Gestaltungsvorschlägen zur altersgerechten Arbeitsgestaltung • Unterstützen bei der Umsetzung von Gestaltungsmaßnahmen • Unterstützen bei der Entwicklung des Führungsverhaltens im Hinblick auf älter werdende Belegschaften und ältere Beschäftigte • Beobachten der Entwicklungen und erzielten Wirkungen • Fortschreiben der Gefährdungsbeurteilung		
c) Defizite in der altersadäquaten Arbeitsgestaltung	☐	☐			
d) Entwicklung des Führungsverhaltens unter den Bedingungen älter werdender Belegschaften	☐	☐			
e) …	☐	☐			
Betriebsspezifische Betreuung erforderlich:					
Bei mindestens einem zutreffenden „Ja“ ist betriebsspezifische Betreuung erforderlich	**ja** ☐	**nein** ☐	**Personalaufwand in Stunden für das Aufgabenfeld insgesamt (siehe Teilschritt 2.2):**	Std.	Std.

1.7 Arbeitsgestaltung zur Vermeidung arbeitsbedingter Gesundheitsgefahren, Erhalt der individuellen gesundheitlichen Ressourcen im Zusammenhang mit der Arbeit

Auslösekriterien			Aufwandskriterien		
Auslösekriterien für betriebsspezifische Betreuung	**Trifft zu**		**Beschreibung der Leistungen insgesamt für Auslösekriterien a) bis e)**	**Personalaufwand**	
	ja	**nein**		**BA**	**Sifa**
a) Überdurchschnittlich hoher Krankenstand (Vergleichswerte innerhalb des Unternehmens, vergleichbare Betriebe, Branchendurchschnitt)	☐	☐	• Analyse der Ursachen von arbeitsbedingten Gesundheitsgefahren und von Defiziten der menschengerechten Arbeitsgestaltung • Prüfen des relevanten Stands von Technik, Arbeitsmedizin und Hygiene sowie der gesicherten arbeitswissenschaftlichen Erkenntnisse zur menschen- und gesundheitsgerechten Arbeitsgestaltung • Ermittlung von Ansatzpunkten zur Erhöhung der Gesundheitskompetenz der Beschäftigten bei der Arbeit und zur menschengerechten Arbeitsgestaltung zum Erhalt der gesundheitlichen Ressourcen • Beratung zum Festlegen von Soll-Zuständen zur Vermeidung von arbeitsbedingten Gesundheitsgefahren zur menschengerechten Arbeitsgestaltung und zum Erhalt der individuellen gesundheitlichen Ressourcen • Beraten, Informieren und Aufklären der Beschäftigten zur Befähigung, gesundheitsrelevante Faktoren bei der Arbeit selbst positiv zu		
b) Defizite in der menschen- und gesundheitsgerechten Gestaltung von Arbeitsaufgaben, Arbeitsorganisation und Arbeitsumgebung im Hinblick auf den Erhalt der gesundheitlichen Ressourcen	☐	☐			
c) Nicht hinreichende Angebote zu betrieblichen Aktivitäten zum Erhalt der gesundheitlichen Ressourcen im Zusammenhang mit der Arbeit (Rückenschulen, Pausengymnastik, ...)	☐	☐			
d) Unzureichende Gesundheitskompetenz der Beschäftigten zum Erhalt der gesundheitlichen Ressourcen im Zusammenhang mit der Arbeit	☐	☐			

Auslösekriterien			Aufwandskriterien		
Auslösekriterien für betriebsspezifische Betreuung	**Trifft zu**		**Beschreibung der Leistungen insgesamt für Auslösekriterien a) bis e)**	**Personalaufwand**	
	ja	**nein**		**BA**	**Sifa**
e) …	☐	☐	beeinflussen; Initiieren, Unterstützen von Lernprozessen • Beraten und Unterstützen bei der Entwicklung von betrieblichen Aktivitäten und Angeboten zum Erhalt der individuellen gesundheitlichen Ressourcen • Beraten und Unterstützen bei der menschengerechten Arbeitsgestaltung zum Erhalt der individuellen gesundheitlichen Ressourcen (Gestaltung der Arbeitsaufgaben, Arbeitsorganisation und Umgebung, soziale Arbeitsbedingungen) • Hinwirken auf die Realisierung solcher Gestaltungsansätze • Begleiten der Umsetzung • Regelmäßiges Beobachten und Auswerten der Wirkungen der Maßnahmen		
Betriebsspezifische Betreuung erforderlich:					
Bei mindestens einem zutreffenden „Ja“ ist betriebsspezifische Betreuung erforderlich	**ja** ☐	**nein** ☐	**Personalaufwand in Stunden für das Aufgabenfeld insgesamt (siehe Teilschritt 2.2):**	Std.	Std.

1.8 Unterstützung bei der Weiterentwicklung eines Gesundheitsmanagements

Auslösekriterien			Aufwandskriterien		
Auslösekriterien für betriebsspezifische Betreuung	**Trifft zu**		**Beschreibung der Leistungen insgesamt für Auslösekriterien a) bis c)**	**Personalaufwand**	
	ja	**nein**		**BA**	**Sifa**
a) Betriebliche Entscheidung für die Einführung eines Gesundheitsmanagements	☐	☐	• Mitwirken, Unterstützen bei der Entwicklung von betrieblichen Strukturen zum Gesundheitsmanagement (z. B. Einrichten von Steuerkreisen, Gesundheitszirkeln, Vernetzung mit dem Arbeitsschutzausschuss) • Zusammenwirken mit anderen Akteuren der betrieblichen Gesundheit (z. B. Gesundheitsbeauftragte, Akteure der Krankenkassen) • Unterstützen, Mitwirken bei der Steuerung von Prozessen eines Gesundheitsmanagements (Prozesse sind insbesondere Erstellen von Gesundheitsberichten, Durchführen von Mitarbeiterbefragungen und von Aktionstagen, PR- und Marketingmaßnahmen, Planung von Programmen, Evaluation und Qualitätsmanagement der entsprechenden Maßnahmen) • Hinwirken auf die dauerhafte Integration von Gesundheitsmanagement in Betriebsroutinen (Vernetzung mit dem Arbeitsschutzmanagement, Integration in die Betriebsorganisation und -führung)		
b) Betreiben eines Gesundheitsmanagements	☐	☐			
c) …	☐	☐			

Auslösekriterien			Aufwandskriterien		
Auslösekriterien für betriebsspezifische Betreuung	**Trifft zu**		**Beschreibung der Leistungen insgesamt für Auslösekriterien a) bis c)**	**Personalaufwand**	
	ja	**nein**		**BA**	**Sifa**
Betriebsspezifische Betreuung erforderlich:					
Bei mindestens einem zutreffenden „Ja“ ist betriebsspezifische Betreuung erforderlich	**ja** ☐	**nein** ☐	**Personalaufwand in Stunden für das Aufgabenfeld insgesamt (siehe Teilschritt 2.2):**	Std.	Std.

2 Betriebliche Veränderungen in den Arbeitsbedingungen und in der Organisation

2.1 Beschaffung von grundlegend neuartigen Maschinen, Geräten

Auslösekriterien			Aufwandskriterien		
Auslösekriterien für betriebsspezifische Betreuung	**Trifft zu**		**Beschreibung der Leistungen insgesamt für Auslösekriterien a) bis i)**	**Personalaufwand**	
	ja	**nein**		**BA**	**Sifa**
a) Für den Betrieb gegenüber der Grundbetreuung neuartige/neue Risiken sind zu erwarten	☐	☐	• Unterstützen bei Gefährdungsermittlung und Risikobeurteilung der zu verändernden Arbeitssysteme durch die Beschaffung neuer Maschinen, Geräte • Beraten zur Ermittlung von Anforderungen an die zu beschaffenden Maschinen, Geräte • Beraten zu Anforderungen beim Einsatz neuartiger Maschinen, Geräte (Arbeitssystemgestaltung) • Mitwirken an der Erstellung von Pflichtenheften/Ausschreibungen • Mitwirken bei der Bewertung von Angeboten sowie Vertragsgestaltungen • Überprüfen auf Erfüllung vereinbarter Anforderung bei Lieferung, Aufstellung, Montage, …		
b) Neuartige Gefahrenquellen können auftreten	☐	☐			
c) Grundlegend veränderte Wirkungen auf die Arbeitsumgebung	☐	☐			
d) Bisherige Schutzmaßnahmen können nicht/nur bedingt übertragen werden	☐	☐			
e) Es bestehen keine standardisierten Lösungen	☐	☐			
f) Es sind grundlegend neuartige Anforderungen an die Qualifikation/das arbeitsschutzgerechte Verhalten zu erwarten	☐	☐			

Auslösekriterien			Aufwandskriterien		
Auslösekriterien für betriebsspezifische Betreuung	**Trifft zu**		**Beschreibung der Leistungen insgesamt für Auslösekriterien a) bis i)**	**Personalaufwand**	
	ja	**nein**		**BA**	**Sifa**
g) Es wird eine grundlegend veränderte Organisation erforderlich	☐	☐	• Mitwirken bei Realisierung der Veränderungen; Unterstützen bei der Abnahme • Wirkungskontrolle • Fortschreiben der Gefährdungsbeurteilung		
h) Es entstehen andere/neue Schnittstellen zu bestehenden Arbeitssystemen	☐	☐			
i) …	☐	☐			
Betriebsspezifische Betreuung erforderlich:					
Bei mindestens einem zutreffenden „Ja" ist betriebsspezifische Betreuung erforderlich	**ja** ☐	**nein** ☐	**Personalaufwand in Stunden für das Aufgabenfeld insgesamt (siehe Teilschritt 2.2):**	Std.	Std.

2.2 Grundlegende Veränderungen zur Einrichtung neuer Arbeitsplätze bzw. der Arbeitsplatzausstattung; Planung, Neuerrichtung von Betriebsanlagen; Umbau, Neubaumaßnahmen

Auslösekriterien			Aufwandskriterien		
Auslösekriterien für betriebsspezifische Betreuung	**Trifft zu**		**Beschreibung der Leistungen insgesamt für Auslösekriterien a) bis j)**	**Personalaufwand**	
	ja	**nein**		**BA**	**Sifa**
a) Für den Betrieb gegenüber der Grundbetreuung neuartige/neue Risiken sind zu erwarten	☐	☐	• Unterstützen bei Gefährdungsermittlung und Risikobeurteilung der zu verändernden Arbeitssysteme • Unterstützen der Ermittlung und Festlegung von Anforderungen an die Arbeitsplatz-, Arbeitsstättengestaltung • Aufarbeiten relevanter Vorschriften und Regeln, des Stands der Technik und Arbeitsmedizin		
b) Neuartige Gefahrenquellen können auftreten	☐	☐			
c) Grundlegend veränderte Wirkungen auf die Arbeitsumgebung bzw. auf die Arbeitsplätze und Arbeitsabläufe	☐	☐			

Auslösekriterien			Aufwandskriterien		
Auslösekriterien für betriebsspezifische Betreuung	**Trifft zu**		**Beschreibung der Leistungen insgesamt für Auslösekriterien a) bis j)**	**Personalaufwand**	
	ja	**nein**		**BA**	**Sifa**
d) Bisherige Schutzmaßnahmen können nicht/nur bedingt übertragen werden	☐	☐	• Mitwirken an der Erstellung von Pflichtenheften/Ausschreibungen • Beraten zu Anforderungen beim Einsatz neuartiger Arbeitsplatzausstattung, Betriebsanlagen, Räume etc. (technisch, organisatorisch, personell) • Mitwirken bei der Bewertung von Angeboten sowie Vertragsgestaltungen • Unterstützen bei der Arbeitssystemgestaltung • Überprüfen auf Erfüllung vereinbarter Anforderungen bei Baumaßnahmen, Lieferung, Aufstellung, Montage, … • Mitwirken bei der Realisierung der Veränderungen; Unterstützen bei der Abnahme • Wirkungskontrollen • Fortschreiben der Gefährdungsbeurteilung		
e) Es bestehen keine standardisierten Lösungen	☐	☐			
f) Es sind grundlegend veränderte Anforderungen an die Qualifikation/das arbeitsschutzgerechte Verhalten zu erwarten	☐	☐			
g) Es wird eine grundlegend veränderte Organisation erforderlich	☐	☐			
h) Es entstehen andere/neue Schnittstellen zu bestehenden Arbeitssystemen	☐	☐			
i) Es entstehen neue Zuständigkeiten/Verantwortlichkeiten	☐	☐			
j) …	☐	☐			
Betriebsspezifische Betreuung erforderlich:					
Bei mindestens einem zutreffenden „Ja“ ist betriebsspezifische Betreuung erforderlich	**ja** ☐	**nein** ☐	**Personalaufwand in Stunden für das Aufgabenfeld insgesamt (siehe Teilschritt 2.2):**	Std.	Std.

2.3 Einführung völlig neuer Stoffe, Materialien

Auslösekriterien			Aufwandskriterien		
Auslösekriterien für betriebsspezifische Betreuung	**Trifft zu**		**Beschreibung der Leistungen insgesamt für Auslösekriterien a) bis g)**	**Personalaufwand**	
	ja	**nein**		**BA**	**Sifa**
a) Für den Betrieb gegenüber der Grundbetreuung andersartige/neue Risiken sind zu erwarten	☐	☐	• Unterstützen bei der Informationsermittlung hinsichtlich der neuen Stoffe, Materialien • Beurteilen der Risiken durch die neuen Stoffe, Materialien • Unterstützen bei der Auswahl risikoarmer Stoffe, Materialien • Festlegen von Soll-Zuständen für den Einsatz von Stoffen und Materialien • Unterstützen bei der betrieblichen Zulassung und Freigabe von Stoffen und Materialien • Unterstützen bei der Festlegung von Schutzmaßnahmen • Mitwirken bei der Realisierung der Schutzmaßnahmen und Wirkungskontrollen • Fortschreiben der Gefährdungsbeurteilung		
b) Neuartige Gefahrenquellen können auftreten	☐	☐			
c) Veränderte Wirkungen auf die Arbeitsumgebung bzw. auf die Arbeitsplätze und Arbeitsabläufe	☐	☐			
d) Bisherige Schutzmaßnahmen können nicht/nur bedingt übertragen werden	☐	☐			
e) Es bestehen keine standardisierten Lösungen	☐	☐			
f) Es sind völlig veränderte Anforderungen an die Qualifikation/das arbeitsschutzgerechte Verhalten zu erwarten	☐	☐			
g) …	☐	☐			
Betriebsspezifische Betreuung erforderlich:					
Bei mindestens einem zutreffenden „Ja“ ist betriebsspezifische Betreuung erforderlich	**ja** ☐	**nein** ☐	**Personalaufwand in Stunden für das Aufgabenfeld insgesamt (siehe Teilschritt 2.2):**	Std.	Std.

2.4 Grundlegende Veränderung betrieblicher Abläufe und Prozesse; grundlegende Veränderung der Arbeitszeitgestaltung; grundlegende Änderung, Einführung neuer Arbeitsverfahren

<table>
<tr><th colspan="3">Auslösekriterien</th><th colspan="3">Aufwandskriterien</th></tr>
<tr><th rowspan="2">Auslösekriterien für betriebsspezifische Betreuung</th><th colspan="2">Trifft zu</th><th rowspan="2">Beschreibung der Leistungen insgesamt für Auslösekriterien a) bis j)</th><th colspan="2">Personalaufwand</th></tr>
<tr><th>ja</th><th>nein</th><th>BA</th><th>Sifa</th></tr>
<tr><td>a) Für den Betrieb gegenüber der Grundbetreuung andersartige/neue Risiken sind zu erwarten</td><td>☐</td><td>☐</td><td rowspan="8">• Gefährdungsermittlung und Risikobeurteilung der zu verändernden Arbeitssysteme
• Unterstützen der Ermittlung und Festlegung von Anforderungen an die Gestaltung von Abläufen, Arbeitsverfahren, Arbeitszeit
• Aufarbeiten relevanter Vorschriften und Regeln, des Stands der Technik und Arbeitsmedizin, entspr. umfassende Recherchen
• Beraten zu Anforderungen bei der Veränderung von Abläufen, Arbeitsverfahren, Arbeitszeit
• Unterstützen bei der Arbeitssystemgestaltung
• Mitwirken bei der Realisierung der Veränderungen; Unterstützen bei der Abnahme
• Wirkungskontrollen
• Fortschreiben der Gefährdungsbeurteilung</td><td></td><td></td></tr>
<tr><td>b) Neuartige Gefahrenquellen können auftreten</td><td>☐</td><td>☐</td><td></td><td></td></tr>
<tr><td>c) Veränderte Wirkungen auf die Arbeitsumgebung bzw. auf die Arbeitsplätze und Arbeitsabläufe</td><td>☐</td><td>☐</td><td></td><td></td></tr>
<tr><td>d) Bisherige Schutzmaßnahmen können nicht/nur bedingt übertragen werden</td><td>☐</td><td>☐</td><td></td><td></td></tr>
<tr><td>e) Es bestehen keine standardisierten Lösungen</td><td>☐</td><td>☐</td><td></td><td></td></tr>
<tr><td>f) Es sind völlig veränderte Anforderungen an die Qualifikation/das arbeitsschutzgerechte Verhalten zu erwarten</td><td>☐</td><td>☐</td><td></td><td></td></tr>
<tr><td>g) Es wird eine völlig veränderte Organisation erforderlich</td><td>☐</td><td>☐</td><td></td><td></td></tr>
<tr><td>h) Es entstehen andere/neue Schnittstellen zu bestehenden Arbeitssystemen</td><td>☐</td><td>☐</td><td></td><td></td></tr>
</table>

Auslösekriterien			Aufwandskriterien		
Auslösekriterien für betriebsspezifische Betreuung	**Trifft zu**		**Beschreibung der Leistungen insgesamt für Auslösekriterien a) bis j)**	**Personalaufwand**	
	ja	**nein**		**BA**	**Sifa**
i) Es entstehen neue Zuständigkeiten/ Verantwortlichkeiten	☐	☐			
j) …	☐	☐			
Betriebsspezifische Betreuung erforderlich:					
Bei mindestens einem zutreffenden „Ja" ist betriebsspezifische Betreuung erforderlich	**ja** ☐	**nein** ☐	**Personalaufwand in Stunden für das Aufgabenfeld insgesamt (siehe Teilschritt 2.2):**	Std.	Std.

2.5 Spezifische Erfordernisse zur Schaffung einer geeigneten Organisation zur Durchführung der Maßnahmen des Arbeitsschutzes sowie zur Integration in die Führungstätigkeit und zum Aufbau eines Systems der Gefährdungsbeurteilung

Auslösekriterien			Aufwandskriterien		
Auslösekriterien für betriebsspezifische Betreuung	**Trifft zu**		**Beschreibung der Leistungen insgesamt für Auslösekriterien a) bis g)**	**Personalaufwand**	
	ja	**nein**		**BA**	**Sifa**
a) Erfordernisse zur Integration in die Führungstätigkeit und zum Aufbau einer geeigneten Organisation, soweit Bedarf über die Grundbetreuung hinaus besteht	☐	☐	• Aufbereiten und Darstellen von Sinnhaftigkeit, Notwendigkeit und Nutzen der Implementierung und Weiterentwicklung einer geeigneten Organisation und der Integration in die Führungstätigkeit bzw. eines Gesamtsystems der Gefährdungsbeurteilung, Beraten der Unternehmensleitung • Ermitteln des spezifischen Bedarfs für die Implementierung und Weiterentwicklung, Analyse des erreichten Stands; Systematisieren des weiteren Vorgehens		
b) Betriebsspezifische Erfordernisse zur Implementierung eines Gesamtsystems der Gefährdungsbeurteilung	☐	☐			

Auslösekriterien			Aufwandskriterien		
Auslösekriterien für betriebsspezifische Betreuung	**Trifft zu**		**Beschreibung der Leistungen insgesamt für Auslösekriterien a) bis g)**	**Personalaufwand**	
	ja	**nein**		**BA**	**Sifa**
c) Grundlegende Veränderungen zur Integration des Arbeitsschutzes in das Management	☐	☐	• Entwickeln und Vereinbaren von Zielen mit der Unternehmensleitung • Entwickeln von betriebsspezifischen Konzepten für die Integration von Arbeitsschutzbelangen in das betriebliche Management, in Managementsysteme, zum Aufbau von Arbeitsschutzmanagementsystemen, für ein Gesamtsystem zur Gefährdungsbeurteilung • Unterstützen bei der Realisierung der Konzepte • Audits und Wirkungskontrollen • Kontinuierlichen Verbesserungsprozess unterstützen		
d) Einführung von Managementprinzipien und -systemen mit Relevanz zum Arbeitsschutz	☐	☐			
e) Integration des Arbeitsschutzes in bestehende Managementsysteme	☐	☐			
f) Aufbau eines Arbeitsschutzmanagementsystems	☐	☐			
g) …	☐	☐			
Betriebsspezifische Betreuung erforderlich:					
Bei mindestens einem zutreffenden „Ja" ist betriebsspezifische Betreuung erforderlich	**ja** ☐	**nein** ☐	**Personalaufwand in Stunden für das Aufgabenfeld insgesamt (siehe Teilschritt 2.2):**	Std.	Std.

3 Externe Entwicklung mit spezifischem Einfluss auf die betriebliche Situation

3.1 Neue Vorschriften, die für den Betrieb umfangreichere Änderungen nach sich ziehen

Auslösekriterien			Aufwandskriterien		
Auslösekriterien für betriebsspezifische Betreuung	**Trifft zu**		**Beschreibung der Leistungen insgesamt für Auslösekriterien a) bis d)**	**Personalaufwand**	
	ja	**nein**		**BA**	**Sifa**
a) Fortschreiben der Gefährdungsbeurteilung ist erforderlich	☐	☐	• Aufarbeiten grundlegender Konsequenzen für den Betrieb • Unterstützen bei der Beurteilung der Arbeitsbedingungen nach Maßgabe der neuen Vorschrift • Organisation von erforderlichen Qualifizierungsaktivitäten zur Vorschrift generell • Ableiten von Konsequenzen für die Zuweisung von Aufgaben, Zuständigkeiten und Verantwortung • Mitwirken bei Veränderungen betrieblicher Ablauforganisation • Unterstützen bei notwendigen technischen und organisatorischen Veränderungen in den Arbeitssystemen • Unterstützen bei der Vorbereitung und Durchführung von Maßnahmen zum arbeitsschutzgerechten Verhalten der Beschäftigten		
b) Veränderungen in den bestehenden Arbeitssystemen sind erforderlich	☐	☐			
c) Veränderungen in der Ausgestaltung einer geeigneten Organisation sind erforderlich	☐	☐			
d) …	☐	☐			
Betriebsspezifische Betreuung erforderlich:					
Bei mindestens einem zutreffenden „Ja“ ist betriebsspezifische Betreuung erforderlich	**ja** ☐	**nein** ☐	**Personalaufwand in Stunden für das Aufgabenfeld insgesamt (siehe Teilschritt 2.2):**	Std.	Std.

3.2 Weiterentwicklung des für den Betrieb relevanten Stands der Technik und Arbeitsmedizin

Auslösekriterien			Aufwandskriterien		
Auslösekriterien für betriebsspezifische Betreuung	**Trifft zu**		**Beschreibung der Leistungen insgesamt für Auslösekriterien a) bis e)**	**Personalaufwand**	
	ja	**nein**		**BA**	**Sifa**
a) Grundlegend neue Erkenntnisse zu Gefährdungen	☐	☐	• Ermitteln des betriebsspezifisch weiterentwickelten Stands der Technik und Arbeitsmedizin • Aufarbeiten der grundlegenden Konsequenzen für den Betrieb • Unterstützen bei der Beurteilung der Arbeitsbedingungen entsprechend dem weiterentwickelten Stand der Technik und Arbeitsmedizin • Entwickeln von Gestaltungs- und Schutzkonzepten entsprechend dem weiterentwickelten Stand der Technik und Arbeitsmedizin • Unterstützen bei notwendigen technischen und organisatorischen Veränderungen in den Arbeitssystemen • Begleiten der Realisierung • Wirkungskontrolle • Fortschreiben der Gefährdungsbeurteilung		
b) Auswertung überbetrieblich auftretender Ereignisse (Großbrände, Epidemien, ...)	☐	☐			
c) Neuartige Lösungskonzepte zur Vermeidung/ Bekämpfung von Gefährdungen	☐	☐			
d) Neuartige Ansätze zur Stärkung von Gesundheitsfaktoren	☐	☐			
e) ...	☐	☐			
Betriebsspezifische Betreuung erforderlich:					
Bei mindestens einem zutreffenden „Ja“ ist betriebsspezifische Betreuung erforderlich	**ja** ☐	**nein** ☐	**Personalaufwand in Stunden für das Aufgabenfeld insgesamt (siehe Teilschritt 2.2):**	Std.	Std.

4 Betriebliche Aktionen, Programme und Maßnahmen

Schwerpunktprogramme, Kampagnen sowie Unterstützung von Aktionen zur Gesundheitsförderung

Auslösekriterien			Aufwandskriterien		
Auslösekriterien für betriebsspezifische Betreuung	**Trifft zu**		**Beschreibung der Leistungen insgesamt für Auslösekriterien a) bis j)**	**Personalaufwand**	
	ja	**nein**		**BA**	**Sifa**
a) Initiative, Entscheidung des Arbeitgebers bzw. Erfordernis zu Schwerpunktprogrammen zur Bekämpfung von Gefährdungsschwerpunkten: Anzahl der Exponierten gegenüber speziellen Gefährdungen (getrennt zu betrachten nach den verschiedenen Gefährdungen), zeitliche Häufigkeit der Expositionen	☐	☐	• Analyse des Problems, zu dem ein Programm durchgeführt werden soll • Vorbereiten von Zielsetzungen betrieblicher Schwerpunktprogramme • Entwickeln von Bewertungskriterien für den Erfolg des Programms • Klären der inhaltlichen Ausgestaltung (Programmplanung, Arbeitsschritte, ...) • Unterstützen bei der Planung erforderlicher Ressourcen und Vorbereitung entsprechender Entscheidungen • Beraten, Informieren und Aufklären der Beschäftigten zur Befähigung, gesundheitsrelevante Faktoren bei der Arbeit selbst positiv zu beeinflussen; Initiieren, Unterstützen von Lernprozessen • Entwickeln programmspezifischer Organisationsformen • Beiträge zur Organisation der Öffentlichkeitsarbeit • Aktive Mitwirkung bei der Umsetzung der Programmschritte; Koordinieren von Aktivitäten		
b) Initiative, Entscheidung des Arbeitgebers bzw. Erfordernis zu Schwerpunktprogrammen zum sicherheits-/gesundheitsgerechten Verhalten; Aktionen zur Kompetenzentwicklung/Qualifizierung im Arbeitsschutz	☐	☐			
c) Initiative, Entscheidung des Arbeitgebers bzw. Erfordernis zu Schwerpunktprogrammen nach besonders schwerwiegenden Unfällen	☐	☐			

Auslösekriterien			Aufwandskriterien		
Auslösekriterien für betriebsspezifische Betreuung	**Trifft zu**		**Beschreibung der Leistungen insgesamt für Auslösekriterien a) bis j)**	**Personalaufwand**	
	ja	**nein**		**BA**	**Sifa**
d) Initiative, Entscheidung des Arbeitgebers bzw. Erfordernis zu Schwerpunktprogrammen zur Gesundheitsförderung	☐	☐	• Controlling; Ergebnismessung • Aufarbeiten von Erfahrungen und Schlussfolgerungen • Maßnahmen zur Nachhaltigkeit • Unterstützen bei der Entwicklung des Führungsverhaltens im Hinblick auf älter werdende Belegschaften und ältere Beschäftigte		
e) Initiative, Entscheidung des Arbeitgebers bzw. Erfordernis zu Schwerpunktprogrammen zur Verbesserung der Arbeitskultur, des sozialen Umfeldes usw.	☐	☐			
f) Programme, Strategien und Kampagnen zur Bewältigung von körperlichen Belastungen	☐	☐			
g) Programme, Strategien und Kampagnen zur Bewältigung psychischer Belastungen	☐	☐			
h) Verbesserungsbedarf der psychosozialen Belastungs-Beanspruchungs-Situation durch die sozialen Arbeitsbedingungen im Hinblick auf den Erhalt der gesundheitlichen Ressourcen (Soziale Arbeitsbedingungen betreffen vor allem: positive soziale Bindungen, gegenseitige Unterstüt-	☐	☐			

Auslösekriterien			Aufwandskriterien		
Auslösekriterien für betriebsspezifische Betreuung	**Trifft zu**		**Beschreibung der Leistungen insgesamt für Auslösekriterien a) bis j)**	**Personalaufwand**	
	ja	**nein**		**BA**	**Sifa**
zungsmöglichkeiten, Mitwirkungsmöglichkeiten am Arbeitsplatz, mitarbeiterorientierte Führungstätigkeit, Entwicklung der Unternehmenskultur)					
i) Entwicklung eines betrieblichen Leitbildes zur Beschäftigung Älterer, einer entsprechenden Arbeitskultur	☐	☐			
j) …	☐	☐			
Betriebsspezifische Betreuung erforderlich:					
Bei mindestens einem zutreffenden „Ja“ ist betriebsspezifische Betreuung erforderlich	**ja** ☐	**nein** ☐	**Personalaufwand in Stunden für das Aufgabenfeld insgesamt (siehe Teilschritt 2.2):**	Std.	Std.

Anhang 5
Gefahrtarif der ehemaligen Lederindustrie-Berufsgenossenschaft

Gefahrtarifstelle	Gewerbszweig
1	Herstellung und Zurichtung von Leder und lederartigen Stoffen, Lederfabriken, Lederfaserwerkstofffabriken, Gerbereien, Lohmühlen, Lohextraktfabriken, Herstellung von Pergament
2	Nicht besetzt
3	Herstellung von technischen Artikeln aus Leder und ähnlichen Erzeugnissen, Arbeiterschutz- und Stanzartikel, Pressereien, Prägeanstalten, Herstellung und Zurichtung von Werkstoffen und Lederabfällen
4	Herstellung von Koffern, Mappen, Taschen aller Art, Etuis, Riemen, Gürteln, Maßbändern, Galanteriewaren usw. (Feinsattlereien), Lederschärfereien, Färben von Lederwaren, Herstellung von Lederhandschuhen, Kunstlederreparaturbetriebe

Gefahr-tarif-stelle	Gewerbszweig
5	Herstellung von Ausstattungen für Fahrzeuge aller Art aus Leder, lederartigen Stoffen und Kunststoffen, Herstellung von Sitzen für Fahrzeuge aller Art
6	Herstellung von Wachstuch, Ledertuch und ähnlichen Erzeugnissen, Herstellung von Linoleum und ähnlichen Erzeugnissen
7	Dekorateur- und Raumausstatterbetriebe, wenn Werkstattarbeiten überwiegen, Sattler und Polsterbetriebe
8	Polstermöbel- und Matratzenfabriken, Herstellung von Polstermaterialien und Formteilen aus pflanzlichen und künstlichen Fasern, tierischen und künstlichen Haaren

Anhang 6
Gesetz über Betriebsärzte, Sicherheitsingenieure und andere Fachkräfte für Arbeitssicherheit – Arbeitssicherheitsgesetz

Red. Hinweis: Die genannte Rechtsnorm ist an dieser Stelle nicht wiedergegeben.

DGUV Vorschrift 3 – Elektrische Anlagen und Betriebsmittel
vom Januar 2005

§ 1
Geltungsbereich

(1) Diese Unfallverhütungsvorschrift gilt für elektrische Anlagen und Betriebsmittel.

(2) Diese Unfallverhütungsvorschrift gilt auch für nichtelektrotechnische Arbeiten in der Nähe elektrischer Anlagen und Betriebsmittel.

§ 2
Begriffe

(1) Elektrische Betriebsmittel im Sinne dieser Unfallverhütungsvorschrift sind alle Gegenstände, die als ganzes oder in einzelnen Teilen dem Anwenden elektrischer Energie (z. B. Gegenstände zum Erzeugen, Fortleiten, Verteilen, Speichern, Messen, Umsetzen und Verbrauchen) oder dem Übertragen, Verteilen und Verarbeiten von Informationen (z. B. Gegenstände der Fernmelde- und Informationstechnik) dienen. Den elektrischen Betriebsmitteln werden gleichgesetzt Schutz- und Hilfsmittel, soweit an diese Anforderungen hinsichtlich der ektrischen Sicherheit gestellt werden. Elektrische Anlagen werden durch Zusammenschluss eektrischer Betriebsmittel gebildet.

(2) Elektrotechnische Regeln im Sinne dieser Unfallverhütungsvorschrift sind die allgemein anerkannten Regeln der Elektrotechnik, die in den VDE-Bestimmungen enthalten sind, auf die die Berufsgenossenschaft in ihrem Mitteilungsblatt verwiesen hat. Eine elektrotechnische Regel gilt als eingehalten, wenn eine ebenso wirksame andere Maßnahme getroffen wird; der Berufsgenossenschaft ist auf Verlangen nachzuweisen, dass die Maßnahme ebenso wirksam ist.

(3) Als Elektrofachkraft im Sinne dieser Unfallverhütungsvorschrift gilt, wer auf Grund seiner fachlichen Ausbildung, Kenntnisse und Erfahrungen sowie Kenntnis der einschlägigen Bestimmungen die ihm übertragenen Arbeiten beurteilen und mögliche Gefahren erkennen kann.

§ 3
Grundsätze

(1) Der Unternehmer hat dafür zu sorgen, dass elektrische Anlagen und Betriebsmittel nur von einer Elektrofachkraft oder unter Leitung und Aufsicht einer Elektrofachkraft den elektronischen Regeln entsprechend errichtet, geändert und instandgehalten werden. Der Unternehmer hat ferner dafür zu sorgen, dass die elektrischen Anlagen und Betriebsmittel den elektrotechnischen Regeln entsprechend betrieben werden.

(2) Ist bei einer elektrischen Anlage oder einem elektrischen Betriebsmittel ein Mangel festgestellt worden, d. h. entsprechen sie nicht oder nicht mehr den elektrotechnischen Regeln, so hat der Unternehmer dafür zu sorgen, dass der Mangel unverzüglich behoben wird und, falls bis dahin eine dringende Gefahr besteht, dafür zu sorgen, dass die elektrische Anlage oder das elektrische Betriebsmittel im mangelhaften Zustand nicht verwendet werden.

§ 4
Grundsätze beim Fehlen elektrotechnischer Regeln

(1) Soweit hinsichtlich bestimmter elektrischer Anlagen und Betriebsmittel keine oder zur Abwendung neuer oder bislang nicht festgestellter Gefahren nur unzureichende elektrotechnische Regeln bestehen, hat der Unternehmer dafür zu sorgen, dass die Bestimmungen der nachstehenden Absätze eingehalten werden.

(2) Elektrische Anlagen und Betriebsmittel müssen sich in sicherem Zustand befinden und sind in diesem Zustand zu erhalten.

(3) Elektrische Anlagen und Betriebsmittel dürfen nur benutzt werden, wenn sie den betrieblichen und örtlichen Sicherheitsanforderungen im Hinblick auf Betriebsart und Umgebungseinflüsse genügen.

(4) Die aktiven Teile elektrischer Anlagen und Betriebsmittel müssen entsprechend ihrer Spannung, Frequenz, Verwendungsart und ihrem Betriebsort durch Isolierung, Lage, Anordnung oder festangebrachte Einrichtungen gegen direktes Berühren geschützt sein.

(5) Elektrische Anlagen und Betriebsmittel müssen so beschaffen sein, dass bei Arbeiten und Handhabungen, bei denen aus zwingenden Gründen der Schutz gegen direktes Berühren nach Absatz 4 aufgehoben oder unwirksam gemacht werden muss,

- der spannungsfreie Zustand der aktiven Teile hergestellt und sichergestellt werden kann oder
- die aktiven Teile unter Berücksichtigung von Spannung, Frequenz, Verwendungsart und Betriebsort durch zusätzliche Maßnahmen gegen direktes Berühren geschützt werden können.

(6) Bei elektrischen Betriebsmitteln, die in Bereichen bedient werden müssen, wo allgemein ein vollständiger Schutz gegen direktes Berühren nicht gefordert wird oder nicht möglich ist, muss bei benachbarten aktiven Teilen mindestens ein teilweiser Schutz gegen direktes Berühren vorhanden sein.

(7) Die Durchführung der Maßnahmen nach Absatz 5 muss ohne Gefährdung, z. B. durch Körperdurchströmung oder durch Lichtbogenbildung, möglich sein.

(8) Elektrische Anlagen und Betriebsmittel müssen entsprechend ihrer Spannung, Frequenz, Verwendungsart und ihrem Betriebsort Schutz bei indirektem Berühren aufweisen, so dass auch im Fall eines Fehlers in der elektrischen Anlage oder in dem elektrischen Betriebsmittel Schutz gegen gefährliche Berührungsspannungen vorhanden ist.

§ 5
Prüfungen

(1) Der Unternehmer hat dafür zu sorgen, dass die elektrischen Anlagen und Betriebsmittel auf ihren ordnungsgemäßen Zustand geprüft werden

1. vor der ersten Inbetriebnahme und nach einer Änderung oder Instandsetzung vor der Wiederinbetriebnahme durch eine Elektrofachkraft oder unter Leitung und Aufsicht einer Elektrofachkraft und
2. in bestimmten Zeitabständen.

Die Fristen sind so zu bemessen, dass entstehende Mängel, mit denen gerechnet werden muss, rechtzeitig festgestellt werden.

(2) Bei der Prüfung sind die sich hierauf beziehenden elektrotechnischen Regeln zu beachten.

(3) Auf Verlangen der Berufsgenossenschaft ist ein Prüfbuch mit bestimmten Eintragungen zu führen.

(4) Die Prüfung vor der ersten Inbetriebnahme nach Absatz 1 ist nicht erforderlich, wenn dem Unternehmer vom Hersteller oder Errichter bestätigt wird, dass die elektrischen Anlagen und Betriebsmittel den Bestimmungen dieser Unfallverhütungsvorschrift entsprechend beschaffen sind.

§ 6
Arbeiten an aktiven Teilen

(1) An unter Spannung stehenden aktiven Teilen elektrischer Anlagen und Betriebsmittel darf, abgesehen von den Festlegungen in § 8, nicht gearbeitet werden.

(2) Vor Beginn der Arbeiten an aktiven Teilen elektrischer Anlagen und Betriebsmittel muss der spannungsfreie Zustand hergestellt und für die Dauer der Arbeiten sichergestellt werden.

(3) Absatz 2 gilt auch für benachbarte aktive Teile der elektrischen Anlage oder des elektrischen Betriebsmittels, wenn diese

- nicht gegen direktes Berühren geschützt sind
  oder
- nicht für die Dauer der Arbeiten unter Berücksichtigung von Spannung, Frequenz, Verwendungsart und Betriebsort durch Abdecken oder Abschranken gegen direktes Berühren geschützt worden sind.

(4) Absatz 2 gilt auch für das Bedienen elektrischer Betriebsmittel, die aktiven unter Spannung stehenden Teilen benachbart sind, wenn diese nicht gegen direktes Berühren geschützt sind.

§ 7
Arbeiten in der Nähe aktiver Teile

In der Nähe aktiver Teile elektrischer Anlagen und Betriebsmittel, die nicht gegen direktes Berühren geschützt sind, darf, abgesehen von den Festlegungen in § 8, nur gearbeitet werden, wenn

- deren spannungsfreier Zustand hergestellt und für die Dauer der Arbeiten sichergestellt ist,
- die aktiven Teile für die Dauer der Arbeiten, insbesondere unter Berücksichtigung von Spannung, Betriebsort, Art der Arbeit und der verwendeten Arbeitsmittel, durch Abdecken oder Abschranken geschützt worden sind
  oder
- bei Verzicht auf vorstehende Maßnahmen die zulässigen Annäherungen nicht unterschritten werden.

§ 8
Zulässige Abweichungen

Von den Forderungen der §§ 6 und 7 darf abgewichen werden, wenn

1. durch die Art der Anlage eine Gefährdung durch Körperdurchströmung oder durch Lichtbogenbildung ausgeschlossen ist oder
2. aus zwingenden Gründen der spannungsfreie Zustand nicht hergestellt werden kann, soweit dabei
   - durch die Art der bei diesen Arbeiten verwendeten Hilfsmittel oder Werkzeuge eine Gefährdung durch Körperdurchströmung oder durch Lichtbogenbildung ausgeschlossen ist,
   - der Unternehmer mit diesen Arbeiten nur Personen beauftragt, die für diese Arbeiten an unter Spannung stehenden aktiven Teilen fachlich geeignet sind
     und
   - der Unternehmer weitere technische, organisatorische und persönliche Sicherheitsmaßnahmen festlegt und durchführt, die einen ausreichenden Schutz gegen eine Gefährdung durch Körperdurchströmung oder durch Lichtbogenbildung sicherstellen.

§ 9
Ordnungswidrigkeiten

Ordnungswidrig im Sinne des § 209 Abs. 1 Nr. 1 Siebtes Buch Sozialgesetzbuch (SGB VII handelt, wer vorsätzlich oder fahrlässig den Vorschriften der

§ 3
§ 5 Abs. 1 bis 3
§§ 6, 7

zuwiderhandelt.

§ 10
Inkrafttreten

Diese Unfallverhütungsvorschrift tritt am 1. Januar 2011 in Kraft. Gleichzeitig treten die Unfallverhütungsvorschriften

- „Elektrische Anlagen und Betriebsmittel" (BGV A3) der Bergbau-Berufsgenossenschaft vom 1. April 1979 in der Fassung vom 1. April 1998,
- „Elektrische Anlagen und Betriebsmittel" (BGV A3) der Berufsgenossenschaft der chemischen Industrie vom 1. April 1979 in der Fassung vom 1. Januar 1997,
- „Elektrische Anlagen und Betriebsmittel" (BGV A3) der

Lederindustrie- Berufsgenossenschaft vom 1. April 1979 in der Fassung vom 1. Januar 1997,
- „Elektrische Anlagen und Betriebsmittel“ (BGV A3) der Papiermacher- Berufsgenossenschaft vom 1. April 1979 in der Fassung vom 1. Januar 1997,
- „Elektrische Anlagen und Betriebsmittel“ (BGV A3) der Steinbruchs- Berufsgenossenschaft vom 1. April 1979 in der Fassung vom 1. Januar 1997 und
- „Elektrische Anlagen und Betriebsmittel“ (BGV A3) der Zucker-Berufsgenossenschaft vom 1. April 1979 in der Fassung vom 1. März 1997

außer Kraft.

ASR A1.3
Sicherheits- und Gesundheitsschutzkennzeichnung

Ausgabe Februar 2013

(GMBl. Nr. 16 vom 13.3.2013 S. 334)
zuletzt geändert durch (GMBl. Nr. 9-11 vom 18.3.2022 S. 242)

Die Technischen Regeln für Arbeitsstätten (ASR) geben den Stand der Technik, Arbeitsmedizin und Hygiene sowie sonstige gesicherte wissenschaftliche Erkenntnisse für die Sicherheit und Gesundheit der Beschäftigten beim Einrichten und Betreiben von Arbeitsstätten wieder.

Sie werden vom **Ausschuss für Arbeitsstätten** ermittelt bzw. angepasst und vom Bundesministerium für Arbeit und Soziales im Gemeinsamen Ministerialblatt bekannt gemacht.

Die ASR A1.3 konkretisiert im Rahmen ihres Anwendungsbereichs Anforderungen der Verordnung über Arbeitsstätten. Bei Einhaltung dieser Technischen Regel kann der Arbeitgeber davon ausgehen, dass die entsprechenden Anforderungen der Verordnung erfüllt sind. Wählt der Arbeitgeber eine andere Lösung, muss er damit mindestens die gleiche Sicherheit und den gleichen Schutz der Gesundheit für die Beschäftigten erreichen.

Die vorliegende Technische Regel ASR A1.3 schreibt die Technische Regel ASR A1.3 (GMBl. 2007, S. 674) fort und wurde unter Federführung des ehemaligen Fachausschusses „Sicherheitskennzeichnung" der Deutschen Gesetzlichen Unfallversicherung (DGUV) in Anwendung des Kooperationsmodells (vgl. Leitlinienpapier[1] zur Neuordnung des Vorschriften- und Regelwerks im Arbeitsschutz vom 31. August 2011) erarbeitet.

Inhaltsverzeichnis (nicht amtlicher Text)

1 Zielstellung

Diese ASR konkretisiert die Anforderungen für die Sicherheits- und Gesundheitsschutzkennzeichnung in Arbeitsstätten. Nach § 3a der Arbeitsstättenverordnung in Verbindung mit Ziffer 1.3 des Anhangs sind Sicherheits- und Gesundheitsschutzkennzeichnungen dann einzusetzen, wenn die Risiken für Sicherheit und Gesundheit anders nicht zu vermeiden oder ausreichend zu minimieren sind. Diese ASR konkretisiert auch die Gestaltung von Flucht- und Rettungsplänen gemäß § 4 Abs. 4 Arbeitsstättenverordnung.

2 Anwendungsbereich

Mit Inkrafttreten der Arbeitsstättenverordnung wird die Richtlinie 92/58/EWG[2] über Mindestvorschriften für die Sicherheits- und Gesundheitsschutzkennzeichnung am Arbeitsplatz über einen gleitenden Verweis für den Geltungsbereich der Arbeitsstättenverordnung in nationales Recht umgesetzt. Die Anwendung dieser ASR erfüllt die Mindestanforderungen der Richtlinie 92/58/EWG.

[1] http://www.gda-portal.de/de/VorschriftenRegeln/VorschriftenRegeln.html

[2] Richtlinie 92/58/EWG des Rates über Mindestvorschriften für die Sicherheits- und/oder Gesundheitsschutzkennzeichnung am Arbeitsplatz (Neunte Einzelrichtlinie im Sinne von Artikel 16 Absatz 1 der Richtlinie 89/391/EWG) vom 24. Juni 1992 (ABl. EU Nr. L 245 S. 23).

Die Gestaltung der Sicherheits- und Gesundheitsschutzkennzeichnung einschließlich der Gestaltung von Flucht- und Rettungsplänen wird in dieser ASR geregelt. Die Notwendigkeit einer Sicherheits- und Gesundheitsschutzkennzeichnung und von Flucht- und Rettungsplänen sowie von Sicherheitsleitsystemen ist im Rahmen der Gefährdungsbeurteilung zu prüfen.

Hinweis:

Für die barrierefreie Gestaltung der Sicherheits- und Gesundheitsschutzkennzeichnung gilt die ASR V3a.2 „Barrierefreie Gestaltung von Arbeitsstätten", Anhang A1.3: Ergänzende Anforderungen zur ASR A1.3 „Sicherheits- und Gesundheitsschutzkennzeichnung".

3 Begriffsbestimmungen

3.1 Sicherheits- und Gesundheitsschutzkennzeichnung ist eine Kennzeichnung, die – bezogen auf einen bestimmten Gegenstand, eine bestimmte Tätigkeit oder eine bestimmte Situation – jeweils mittels eines Sicherheitszeichens, einer Farbe, eines Leucht- oder Schallzeichens, verbaler Kommunikation oder eines Handzeichens eine Sicherheits- und Gesundheitsschutzaussage (Sicherheitsaussage) ermöglicht.

3.2 Sicherheitszeichen ist ein Zeichen, das durch Kombination von geometrischer Form und Farbe sowie graphischem Symbol eine bestimmte Sicherheits- und Gesundheitsschutzaussage ermöglicht.

3.3 Verbotszeichen ist ein Sicherheitszeichen, das ein Verhalten, durch das eine Gefahr entstehen kann, untersagt.

3.4 Warnzeichen ist ein Sicherheitszeichen, das vor einem Risiko oder einer Gefahr warnt.

3.5 Gebotszeichen ist ein Sicherheitszeichen, das ein bestimmtes Verhalten vorschreibt.

3.6 Rettungszeichen ist ein Sicherheitszeichen, das den Flucht- und Rettungsweg oder Notausgang, den Weg zu einer Erste-Hilfe-Einrichtung oder diese Einrichtung selbst kennzeichnet.

3.7 Brandschutzzeichen ist ein Sicherheitszeichen, das Standorte von Feuermelde- und Feuerlöscheinrichtungen kennzeichnet.

3.8 Zusatzzeichen ist ein Zeichen, das zusammen mit einem der unter Nummer 3.2 beschriebenen Sicherheitszeichen verwendet wird und zusätzliche Hinweise liefert.

3.9 Kombinationszeichen ist ein Zeichen, bei dem Sicherheitszeichen und Zusatzzeichen auf einem Träger aufgebracht sind.

3.10 Graphisches Symbol ist eine Darstellung, die eine Situation beschreibt oder ein Verhalten vorschreibt und auf einem Sicherheitszeichen oder einer Leuchtfläche angeordnet ist.

3.11 Sicherheitsfarbe ist eine Farbe, der eine bestimmte, auf die Sicherheit bezogene Bedeutung zugeordnet ist.

3.12 Leuchtzeichen ist ein Zeichen, das von einer Einrichtung mit durchsichtiger oder durchscheinender Oberfläche erzeugt wird, die von hinten erleuchtet wird und dadurch als Leuchtfläche erscheint oder selbst leuchtet.

3.13 Schallzeichen ist ein kodiertes akustisches Signal ohne Verwendung einer menschlichen oder synthetischen Stimme, z. B. Hupen, Sirenen oder Klingeln.

3.14 Verbale Kommunikation ist eine Verständigung mit festgelegten Worten unter Verwendung einer menschlichen oder synthetischen Stimme.

3.15 Handzeichen ist eine kodierte Bewegung und Stellung von Armen und Händen zur Anweisung von Personen, die Tätigkeiten ausführen, die ein Risiko oder eine Gefährdung darstellen können.

3.16 Erkennungsweite ist der größtmögliche Abstand zu einem Sicherheitszeichen, bei dem dieses noch lesbar und hinsichtlich Form und Farbe erkennbar ist.

3.17 Ein **langnachleuchtendes Sicherheitszeichen** ist ein durch Licht angeregtes Sicherheitszeichen, das nach Ausfall der Allgemeinbeleuchtung ohne weitere Energiezufuhr nachleuchtet.

Hinweis:

Obwohl die Sicherheitsfarben Rot und Grün im nachleuchtenden Zustand nicht dargestellt werden können, bleiben graphisches Symbol und geometrische Form erhalten und es besteht ein Sicherheitsgewinn gegenüber den nicht langnachleuchtenden Sicherheitszeichen.

4 Allgemeines

(1) Schon bei der Planung von Arbeitsstätten ist eine erforderliche Sicherheits- und Gesundheitsschutzkennzeichnung (z. B. bei der Erstellung von Flucht- und Rettungsplänen) so weit wie möglich zu berücksichtigen.

(2) Die Sicherheits- und Gesundheitsschutzkennzeichnung darf nur für Hinweise im Zusammenhang mit Sicherheit und Gesundheitsschutz verwendet werden.

(3) Die Kennzeichnungsarten (z. B. Leuchtzeichen, Handzeichen, Sicherheitszeichen) sind entsprechend der Gefährdungsbeurteilung auszuwählen.

(4) Für ständige Verbote, Warnungen, Gebote und sonstige sicherheitsrelevante Hinweise (z. B. Rettung, Brandschutz) sind Sicherheitszeichen insbesondere entsprechend Anhang 1 zu verwenden. Sicherheitszeichen können als Schilder, Aufkleber oder als aufgemalte Kennzeichnung ausgeführt werden. Diese sind dauerhaft auszuführen (z. B. für die Standorte von Feuerlöschern).

(5) Hinweise auf zeitlich begrenzte Risiken oder Gefahren sowie Notrufe zur Ausführung bestimmter Handlungen (z. B. Brandalarm) sind durch Leucht-, Schallzeichen oder verbale Kommunikation zu übermitteln.

(6) Wenn zeitlich begrenzte risikoreiche Tätigkeiten (z. B. Anschlagen von Lasten im Kranbetrieb, Rückwärtsfahren von Fahrzeugen mit Personengefährdung) ausgeführt werden, sind Anweisungen mittels Handzeichen entsprechend Anhang 2 oder verbaler Kommunikation vorzunehmen.

(7) Verschiedene Kennzeichnungsarten dürfen gemeinsam verwendet werden, wenn im Rahmen der Gefährdungsbeurteilung festgestellt wird, dass eine Kennzeichnungsart allein zur Vermittlung der Sicherheitsaussage nicht ausreicht. Bei gleicher Wirkung kann zwischen verschiedenen Kennzeichnungsarten gewählt werden.

(8) Die Wirksamkeit einer Kennzeichnung darf nicht durch eine andere Kennzeichnung oder durch sonstige betriebliche Gegebenheiten beeinträchtigt werden (z. B. keine Verwendung von Schallzeichen bei starkem Umgebungslärm).

(9) Kennzeichnungen, die für ihre Funktion eine Energiequelle benötigen, müssen für den Fall, dass diese ausfällt, über eine selbsttätig einsetzende Notversorgung verfügen, es sei denn, dass bei Unterbrechung der Energiezufuhr kein Risiko mehr besteht (z. B. wenn bei Netzausfall der Schließvorgang eines elektrisch betriebenen Tores unterbrochen wird und gleichzeitig die Sicherheitskennzeichnung – Warnleuchte, Hupe – ausfällt).

(10) Ist das Hör- oder Sehvermögen von Beschäftigten eingeschränkt (z. B. beim Tragen von persönlichen Schutzausrüstungen), ist eine geeignete Kennzeichnungsart ergänzend oder alternativ einzusetzen.

(11) Zur Kennzeichnung und Standorterkennung von Material und Ausrüstung zur Brandbekämpfung sind Brandschutzzeichen nach Anhang 1 zu verwenden.

(12) Die Beschäftigten sind vor Arbeitsaufnahme und danach in regelmäßigen Zeitabständen über die Bedeutung der eingesetzten Sicherheits- und Gesundheitsschutzkennzeichnung zu unterweisen. Insbesondere ist über die Bedeutung selten eingesetzter Kennzeichnungen zu informieren. Für Einweiser, die Handzeichen nach Punkt 5.7 anwenden, ist eine spezifische Unterweisung erforderlich. Die Unterweisung sollte jährlich erfolgen, sofern sich nicht aufgrund der Ergebnisse der Gefährdungsbeurteilung andere Zeiträume ergeben. Darüber hinaus muss auch bei Änderungen der eingesetzten Sicherheits- und Gesundheitsschutzkennzeichnung eine Unterweisung erfolgen.

(13) Der Arbeitgeber hat durch regelmäßige Kontrolle und gegebenenfalls erforderliche Instandhaltungsarbeiten dafür zu sorgen, dass Einrichtungen für die Sicherheits- und Gesundheitsschutzkennzeichnung wirksam sind. Dies gilt insbesondere für Leucht- und Schallzeichen, langnachleuchtende Materialien sowie technische Einrichtungen zur verbalen Kommunikation (z. B. Lautsprecher, Telefone). Die zeitlichen Abstände der Kontrollen sind im Rahmen der Gefährdungsbeurteilung festzulegen.

5 Kennzeichnung

5.1 Sicherheitszeichen und Zusatzzeichen

(1) Sicherheitszeichen und Zusatzzeichen müssen den festgelegten Gestaltungsgrundsätzen nach Tabelle 1 bzw. 2 entsprechen. Die Bedeutung von geometrischer Form und Sicherheitsfarbe für Sicherheitszeichen sind der Tabelle 1 zu entnehmen.

(2) Für die in Anhang 1 festgelegten Sicherheitsaussagen dürfen nur die entsprechend zugeordneten Sicherheitszeichen verwendet werden. Es besteht die Möglichkeit der Verwendung von Zusatzzeichen, die der Verdeutlichung besonderer Situationen oder der Konkretisierung der Sicherheits- und Gesundheitsschutzaussage dienen.

(3) Brandschutzzeichen können in Verbindung mit einem Richtungspfeil als Zusatzzeichen nach Abb. 1 verwendet werden.

Abb. 1: Richtungspfeile für Brandschutzzeichen

(4) Rettungszeichen für Mittel und Einrichtungen zur Ersten Hilfe können in Verbindung mit einem Richtungspfeil als Zusatzzeichen nach Abb. 2 verwendet werden.

Abb. 2: Richtungspfeile für Rettungszeichen sowie für Mittel und Einrichtungen zur Ersten Hilfe

(5) Eine Anhäufung von Sicherheitszeichen ist zu vermeiden. Ist das Sicherheitszeichen nicht mehr notwendig, ist dieses zu entfernen.

(6) Sicherheitszeichen sind deutlich erkennbar und dauerhaft anzubringen. Deutlich erkennbar bedeutet unter anderem, dass Sicherheitszeichen in geeigneter Höhe – fest oder beweglich – anzubringen sind und die Beleuchtung (natürlich oder künstlich) am Anbringungsort ausreichend ist. Verbots-, Warn- und Gebotszeichen müssen sichtbar, unter Berücksichtigung etwaiger Hindernisse am Zugang zum Gefahrbereich angebracht werden. Besonders in lang gestreckten Räumen (z. B. Fluren) sollen Rettungs- bzw. Brandschutzzeichen in Laufrichtung jederzeit erkennbar sein (z. B. Winkelschilder).

Tabelle 1: Kombination von geometrischer Form und Sicherheitsfarbe und ihre Bedeutung für Sicherheitszeichen

Geometrische Form	Bedeutung	Sicherheitsfarbe	Kontrastfarbe zur Sicherheitsfarbe	Farbe des graphischen Symbols	Anwendungsbeispiele
 Kreis mit Diagonalbalken	Verbot	Rot	Weiß[a)]	Schwarz	– Rauchen verboten – Kein Trinkwasser – Berühren verboten
 Kreis	Gebot	Blau	Weiß[a)]	Weiß[a)]	– Augenschutz benutzen – Schutzkleidung benutzen – Hände waschen
 gleichseitiges Dreieck mit gerundeten Ecken	Warnung	Gelb	Schwarz	Schwarz	– Warnung vor heißer Oberfläche – Warnung vor Biogefährdung – Warnung vor elektrischer Spannung
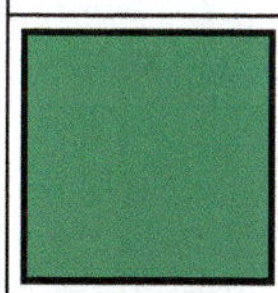 Quadrat	Gefahrlosigkeit	Grün	Weiß[a)]	Weiß[a)]	– Erste Hilfe – Notausgang – Sammelstelle
 Quadrat	Brandschutz	Rot	Weiß[a)]	Weiß[a)]	– Brandmeldetelefon – Mittel und Geräte zur Brandbekämpfung – Feuerlöscher

a) Die Farbe Weiß schließt die Farbe für langnachleuchtende Materialien unter Tageslichtbedingungen, wie in ISO 3864-4, Ausgabe März 2011 beschrieben, ein.

Die in den Spalten 3, 4 und 5 bezeichneten Farben müssen den Spezifikationen von ISO 3864-4, Ausgabe März 2011 entsprechen. Es ist wichtig, einen Leuchtdichtekontrast sowohl zwischen dem Sicherheitszeichen und seinem Hintergrund als auch zwischen dem Zusatzzeichen und seinem Hintergrund zu erzielen (z. B. Lichtkante).

Tabelle 2: Geometrische Form, Hintergrundfarben und Kontrastfarben für Zusatzzeichen

Geometrische Form	Bedeutung	Hintergrundfarbe	Kontrastfarbe zur Hintergrundfarbe	Farbe der zusätzlichen Sicherheitsinformation
Rechteck	Zusatzinformationen	Weiß	Schwarz	beliebig
		Farbe des Sicherheitszeichens	Schwarz oder Weiß	

(7) Ist eine Sicherheitsbeleuchtung nicht vorhanden, muss die Erkennbarkeit der notwendigen Rettungs- und Brandschutzzeichen durch Verwendung von langnachleuchtenden Materialien auch bei Ausfall der Allgemeinbeleuchtung erhalten bleiben. Langnachleuchtende Sicherheitszeichen müssen mindestens die Anforderungen der DIN 67510-1:2020-05, Klasse C, erfüllen. Die ausreichende Anregung der langnachleuchtenden Materialien ist sicherzustellen, z. B. hinsichtlich Dauer, Art und Intensität der Beleuchtung.

(8) Sicherheitszeichen müssen aus solchen Werkstoffen bestehen, die gegen die Umgebungseinflüsse am Anbringungsort widerstandsfähig sind. Bei der Auswahl der Werkstoffe sind unter anderem mechanische Einwirkungen, feuchte Umgebung, chemische Einflüsse, Lichtbeständigkeit, Versprödung von Kunststoffen sowie Feuerbeständigkeit zu berücksichtigen.

(9) Bei der Auswahl von Sicherheitszeichen ist der Zusammenhang zwischen Erkennungsweiten und Größe der Sicherheitszeichen bzw. Schriftzeichen zu berücksichtigen (Tabelle 3). Für innenbeleuchtete Sicherheitszeichen in Dauerlichtschaltung verdoppelt sich die Erkennungsweite bei gleichbleibender Zeichengröße.

5.2 Sicherheitsmarkierungen für Hindernisse und Gefahrstellen

(1) Die Kennzeichnung von Hindernissen und Gefahrstellen ist durch gelb-schwarze oder rot-weiße Streifen (Sicherheitsmarkierungen) deutlich erkennbar und dauerhaft auszuführen (siehe Abb. 3). Die Streifen sind in einem Neigungswinkel von etwa 45° anzuordnen. Das Breitenverhältnis der Streifen beträgt 1:1. Die Kennzeichnung soll den Ausmaßen der Hindernisse oder Gefahrstellen entsprechen.

Abb. 3 Sicherheitsmarkierungen

(2) Gelb-schwarze Streifen sind vorzugsweise für ständige Hindernisse und Gefahrstellen zu verwenden (z. B. Stellen, an denen besondere Gefahren des Anstoßens, Quetschens, Stürzens bestehen). Bei langnachleuchtender Ausführung wird die Erkennbarkeit der Hindernisse bei Ausfall der Allgemeinbeleuchtung erhöht.

(3) Rot-weiße Streifen sind vorzugsweise für zeitlich begrenzte Hindernisse und Gefahrstellen zu verwenden (z. B. Baugruben).

(4) An Scher- und Quetschkanten mit Relativbewegung zueinander sind die Streifen gegensinnig geneigt zueinander anzubringen.

5.3 Markierungen von Fahrwegen

(1) Die Kennzeichnung von Fahrwegsbegrenzungen ist farbig, deutlich erkennbar sowie durchgehend auszuführen. Wird die Markierung auf dem Boden angebracht, so kann dies z. B. durch mindestens 5 cm breite Streifen oder durch eine vergleichbare Nagelreihe (mindestens drei Nägel pro Meter), in

Tabelle 3: Vorzugsgrößen von Sicherheits-, Zusatz- und Schriftzeichen für beleuchtete Zeichen, abhängig von der Erkennungsweite

<table>
<tr><th>Erkennungsweite
[m]</th><th>Schriftzeichen (Ziffern und Buchstaben)
Schriftgröße (h)
[mm]</th><th>Verbots- und Gebotszeichen
Durchmesser (d)
[mm]</th><th>Warnzeichen
Basis (b)
[mm]</th><th>Rettungs-, Brandschutz- und Zusatzzeichen
Höhe (a)
[mm]</th></tr>
<tr><td>0,5</td><td>2</td><td>12,5</td><td>25</td><td>12,5</td></tr>
<tr><td>1</td><td>4</td><td>25</td><td>50</td><td rowspan="2">25</td></tr>
<tr><td>2</td><td>8</td><td>50</td><td rowspan="2">100</td></tr>
<tr><td>3</td><td>10</td><td rowspan="2">100</td><td rowspan="3">50</td></tr>
<tr><td>4</td><td>14</td><td rowspan="3">200</td></tr>
<tr><td>5</td><td>17</td><td rowspan="4">200</td></tr>
<tr><td>6</td><td>20</td><td rowspan="5">100</td></tr>
<tr><td>7</td><td>23</td><td rowspan="3">300</td></tr>
<tr><td>8</td><td>27</td></tr>
<tr><td>9</td><td>30</td><td rowspan="4">300</td></tr>
<tr><td>10</td><td>34</td><td rowspan="3">400</td></tr>
<tr><td>11</td><td>37</td><td rowspan="5">150</td></tr>
<tr><td>12</td><td>40</td></tr>
<tr><td>13</td><td>44</td><td rowspan="4">400</td><td rowspan="7">600</td></tr>
<tr><td>14</td><td>47</td></tr>
<tr><td>15</td><td>50</td></tr>
<tr><td>16</td><td>54</td><td rowspan="5">200</td></tr>
<tr><td>17</td><td>57</td><td rowspan="8">600</td></tr>
<tr><td>18</td><td>60</td></tr>
<tr><td>19</td><td>64</td></tr>
<tr><td>20</td><td>67</td><td rowspan="11">900</td></tr>
<tr><td>21</td><td>70</td><td rowspan="10">300</td></tr>
<tr><td>22</td><td>74</td></tr>
<tr><td>23</td><td>77</td></tr>
<tr><td>24</td><td>80</td></tr>
<tr><td>25</td><td>84</td><td rowspan="6">900</td></tr>
<tr><td>26</td><td>87</td></tr>
<tr><td>27</td><td>90</td></tr>
<tr><td>28</td><td>94</td></tr>
<tr><td>29</td><td>97</td></tr>
<tr><td>30</td><td>100</td></tr>
</table>

einer gut sichtbaren Farbe – vorzugsweise Weiß oder Gelb – mit ausreichendem Kontrast zur Farbe der Bodenfläche erreicht werden.

(2) Eine Verwendung von langnachleuchtenden Produkten für die Markierung von Fahrwegen hat den Vorteil, dass bei Ausfall der Allgemeinbeleuchtung die Sicherheitsaussage für eine bestimmte Zeit aufrechterhalten bleibt.

5.4 Leuchtzeichen

(1) Leuchtzeichen sind deutlich erkennbar anzubringen. Die Helligkeit (Leuchtdichte) der abstrahlenden Fläche muss sich von der Leuchtdichte der umgebenden Flächen deutlich unterscheiden, ohne zu blenden.

(2) Leuchtzeichen dürfen nur bei Vorliegen von zu kennzeichnenden Gefahren oder Hinweiserfordernissen in Betrieb sein. Die Sicherheitsaussage von Leuchtzeichen darf nach Wegfall der zu kennzeichnenden Gefahr nicht mehr erkennbar sein. Dies kann durch Verdecken der abstrahlenden Fläche erreicht werden.

(3) Leuchtzeichen für eine Warnung dürfen intermittierend („blinkend“) nur dann betrieben werden, wenn eine unmittelbare Gefahr droht. Diese Forderung bedeutet, dass warnende Leuchtzeichen kontinuierlich oder intermittierend, hinweisende Leuchtzeichen ausschließlich kontinuierlich betrieben werden dürfen.

(4) Wird ein intermittierend betriebenes Warnzeichen anstelle eines Schallzeichens oder zusätzlich eingesetzt, müssen die Sicherheitsaussagen identisch sein.

5.5 Schallzeichen

(1) Schallzeichen müssen deutlich wahrnehmbar und ihre Bedeutung betrieblich festgelegt und eindeutig sein.

(2) Schallzeichen müssen so lange eingesetzt werden, wie dies für die Sicherheitsaussage erforderlich ist.

(3) Ein betrieblich festgelegtes Notsignal muss sich von anderen betrieblichen Schallzeichen und von den beim öffentlichen Alarm verwendeten Signalen unverwechselbar unterscheiden. Der Ton des betrieblich festgelegten Notsignals soll kontinuierlich sein.

5.6 Verbale Kommunikation

Die verbale Kommunikation muss kurz, eindeutig und verständlich formuliert sein. Im Rahmen der Gefährdungsbeurteilung ist für besondere Einsatzsituationen die Verwendung von technischen Einrichtungen (z. B. Lautsprecher, Megaphon) festzulegen.

5.7 Handzeichen

(1) Handzeichen müssen eindeutig eingesetzt werden, leicht durchführbar und erkennbar sein und sich deutlich von anderen Handzeichen unterscheiden. Handzeichen, die mit beiden Armen gleichzeitig erfolgen, müssen symmetrisch gegeben werden und dürfen nur eine Aussage darstellen.

(2) Für die in Anhang 2 aufgeführten Bedeutungen von Handzeichen dürfen nur die dort zugeordneten Handzeichen verwendet werden.

(3) Einweiser müssen geeignete Erkennungszeichen, vorzugsweise in gelber Ausführung, tragen (z. B. Westen, Kellen, Manschetten, Armbinden, Schutzhelme). Um eine gute Wahrnehmung zu erzielen, können Erkennungszeichen je nach Einsatzbedingungen (z. B. langnachleuchtend oder retroreflektierend) ausgeführt sein.

6 Gestaltung von Flucht- und Rettungsplänen

(1) Flucht- und Rettungspläne (Beispiel siehe Anhang 3) müssen eindeutige Anweisungen zum Verhalten im Gefahrenfall enthalten sowie den Weg an einen sicheren Ort darstellen. Flucht- und Rettungspläne müssen aktuell, übersichtlich, ausreichend groß und mit Sicherheitszeichen nach Anhang 1 gestaltet sein.

(2) Flucht- und Rettungspläne müssen graphische Darstellungen enthalten über:

1. den Gebäudegrundriss oder Teile davon,
2. den Verlauf der Hauptfluchtwege,
3. die Lage der Erste-Hilfe-Einrichtungen,
4. die Lage der Brandschutzeinrichtungen,
5. den Standort des Betrachters

und soweit vorhanden

6. die Lage der Ausgänge von Nebenfluchtwegen und
7. die Lage der Sammelstellen.

(3) Regeln für das Verhalten im Brandfall und bei Unfällen müssen direkt auf dem Flucht- und Rettungsplan dargestellt oder in dessen Nähe angebracht werden.

(4) Aus dem Plan muss ersichtlich sein, welche Fluchtwege von einem Arbeitsplatz oder dem jeweiligen Standort aus zu nehmen sind, um in einen sicheren Bereich oder ins Freie zu gelangen. In diesem Zusammenhang sind Sammelstellen zu kennzeichnen. Außerdem sind Kennzeichnungen für Standorte von Erste-Hilfe- und Brandschutzeinrichtungen in den Flucht- und Rettungsplan aufzunehmen. Zur sicheren Orientierung ist der Standort des Betrachters im Flucht- und Rettungsplan zu kennzeichnen.

(5) Soweit auf einem Flucht- und Rettungsplan nur ein Teil des Gebäudegrundrisses dargestellt ist, muss eine Übersichtskizze die Lage im Gesamtkomplex verdeutlichen. Der Grundriss in Flucht- und Rettungsplänen ist vorzugsweise im Maßstab 1:100 darzustellen. Die Plangröße ist an die Grundrissgröße anzupassen und sollte das Format DIN A3 nicht unterschreiten. Für besondere Anwendungsfälle, z. B. Hotel- oder Klassenzimmer, kann auch das Format DIN A4 verwendet werden. Der Flucht- und Rettungsplan muss farbig angelegt sein.

(6) Flucht- und Rettungspläne müssen – bezogen auf den Anbringungsort – lagerichtig gestaltet werden.

7 Kennzeichnung von Lagerbereichen sowie von Behältern und Rohrleitungen mit Gefahrstoffen

(1) Die Einstufung und Kennzeichnung von Gefahrstoffen in Behältern und Rohrleitungen hat gemäß den Regelungen der Gefahrstoffverordnung, insbesondere der TRGS 201 „Einstufung und Kennzeichnung bei Tätigkeiten mit Gefahrstoffen“ zu erfolgen.

(2) Hinsichtlich der Erkennungsweite ist Tabelle 3 anzuwenden. Bei der Verwendung von Gefahrensymbolen zusammen mit der Gefahrenbezeichnung an Rohrleitungen ist zu berücksichtigen, dass üblicherweise das Verhältnis der Höhe des kombinierten Zeichens zu seiner Breite ungefähr 1,4 : 1 beträgt.

(3) Orte, Räume oder umschlossene Bereiche, die für die Lagerung erheblicher Mengen gefährlicher Stoffe oder Zubereitungen verwendet werden, sind mit einem geeigneten Warnzeichen nach Anhang 1 zu versehen oder gemäß TRGS 201 „Einstufung und Kennzeichnung bei Tätigkeiten mit Gefahrstoffen“ zu kennzeichnen.

Anhang 1

Sicherheitszeichen und Sicherheitsaussagen (nach DIN EN ISO 7010 „Graphische Symbole – Sicherheitsfarben und Sicherheitszeichen – Registrierte Sicherheitszeichen“, Ausgabe Juli 2020 und DIN 4844-2 „Graphische Symbole – Sicherheitsfarben und Sicherheitszeichen – Teil 2: Registrierte Sicherheitszeichen“, November 2021)

1 Verbotszeichen

P001 Allgemeines Verbotszeichen[1]	**P002 Rauchen verboten**	**P003 Keine offene Flamme; Feuer, offene Zündquelle und Rauchen verboten**

P004 Für Fußgänger verboten	**P005 Kein Trinkwasser**	**P006 Für Flurförderzeuge verboten**

[1] Dieses Zeichen darf nur in Verbindung mit einem Zusatzzeichen angewendet werden, das das Verbot konkretisiert.

P007 Kein Zutritt für Personen mit Herzschrittmachern oder implantierten Defibrillatoren[1)]	**P010 Berühren verboten**	**P011 Mit Wasser löschen verboten**

P012 Keine schwere Last[2)]	**P013 Eingeschaltete Mobiltelefone verboten**	**P014 Kein Zutritt für Personen mit Implantaten aus Metall**

1) Das Verbot gilt auch für sonstige aktive Implantate.

2) „Schwer" ist abhängig von dem Zusammenhang, in dem das Sicherheitszeichen verwendet werden soll. Das Sicherheitszeichen ist erforderlichenfalls in Verbindung mit einem Zusatzzeichen anzuwenden, das die maximale zulässige Belastung konkretisiert (z. B. max. 100 kg).

 **P015 Hineinfassen verboten**	 **P020 Aufzug im Brandfall nicht benutzen**	 **P021 Mitführen von Hunden verboten[1)]**
 **P022 Essen und Trinken verboten**	 **P023 Abstellen oder Lagern verboten**	 **P024 Betreten der Fläche verboten**
 **P027 Personenbeförderung verboten**	 **P028 Benutzen von Handschuhen verboten**	 **P031 Schalten verboten**

1) Das Verbot gilt auch für andere Tiere.

 **D-P006 Zutritt für Unbefugte verboten**[1]	 **P016 Mit Wasser spritzen verboten**	 **P009 Aufsteigen verboten (In der Bedeutung von „Besteigen für Unbefugte verboten“)**
 **P048 Laufen verboten**[2]		

[1] Aus DIN 4844-2 „Graphische Symbole – Sicherheitsfarben und Sicherheitszeichen“ Ausgabe November 2021.
[2] Das Verbot gilt auch für Rennen, Springen oder Hüpfen, normales Gehen ist erlaubt.

2 Warnzeichen

 W001 Allgemeines Warnzeichen[1]	 W002 Warnung vor explosionsgefährlichen Stoffen	 W003 Warnung vor radioaktiven Stoffen oder ionisierender Strahlung
 W004 Warnung vor Laserstrahl	 W005 Warnung vor nicht ionisierender Strahlung	 W006 Warnung vor magnetischem Feld
 W007 Warnung vor Hindernissen am Boden	 W008 Warnung vor Absturzgefahr	 W009 Warnung vor Biogefährdung

[1] Dieses Zeichen darf nur in Verbindung mit einem Zusatzzeichen angewendet werden, das die Gefahr konkretisiert.

 W010 Warnung vor niedriger Temperatur/ Frost	 W011 Warnung vor Rutschgefahr	 W012 Warnung vor elektrischer Spannung
 W014 Warnung vor Flurförderzeugen	 W015 Warnung vor schwebender Last	 W016 Warnung vor giftigen Stoffen
 W017 Warnung vor heißer Oberfläche	 W018 Warnung vor automatischem Anlauf	 W019 Warnung vor Quetschgefahr

 **W021 Warnung vor feuergefährlichen Stoffen**	 **W023 Warnung vor ätzenden Stoffen**	 **W024 Warnung vor Handverletzungen**
 **W025 Warnung vor gegenläufigen Rollen**[1]	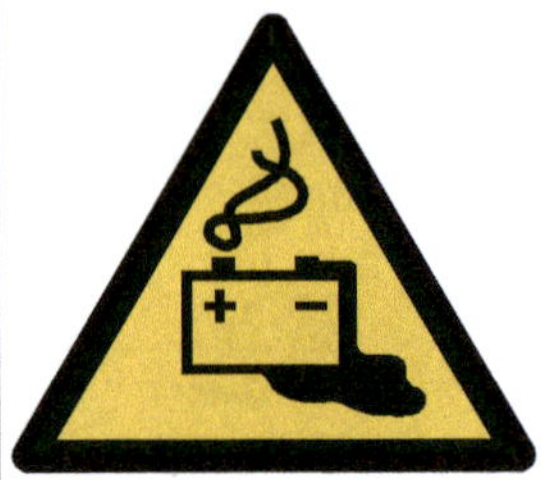 **W026 Warnung vor Gefahren durch das Aufladen von Batterien**	 **W027 Warnung vor optischer Strahlung**
 **W028 Warnung vor brandfördernden Stoffen**	 **W029 Warnung vor Gasflaschen**	 **D-W021 Warnung vor explosionsfähiger Atmosphäre**[2]

[1] Die Warnung gilt auch für Einzugsgefahren anderer Art.
[2] Aus DIN 4844-2 „Graphische Symbole – Sicherheitsfarben und Sicherheitszeichen" Ausgabe November 2021.

3 Gebotszeichen

M001 Allgemeines Gebotszeichen[1]	**M003 Gehörschutz benutzen**	**M004 Augenschutz benutzen**

M008 Fußschutz benutzen	**M009 Handschutz benutzen**	**M010 Schutzkleidung benutzen**

M011 Hände waschen	**M012 Handlauf benutzen**	**M013 Gesichtsschutz benutzen**

[1] Dieses Zeichen darf nur in Verbindung mit einem Zusatzzeichen angewendet werden, welches das Gebot konkretisiert.

 M014 Kopfschutz benutzen	 M015 Warnweste benutzen	 M017 Atemschutz benutzen
 M018 Auffanggurt benutzen	 M020 Rückhaltesystem benutzen	 M021 Vor Wartung oder Reparatur freischalten
 M022 Hautschutzmittel benutzen	 M023 Übergang benutzen	 M024 Fußgängerweg benutzen

 M026 Schutzschürze benutzen	 M053 Rettungsweste benutzen[1]	

4 Rettungszeichen

 E001 Notausgang (links)[2]	 E002 Notausgang (rechts)[2]	 E003 Erste Hilfe
 E004 Notruftelefon	 E007 Sammelstelle	 E009 Arzt

[1] gestrichen.

[2] Dieses Rettungszeichen darf nur in Verbindung mit einem Zusatzzeichen (Richtungspfeil, Abb. 2) verwendet werden.

		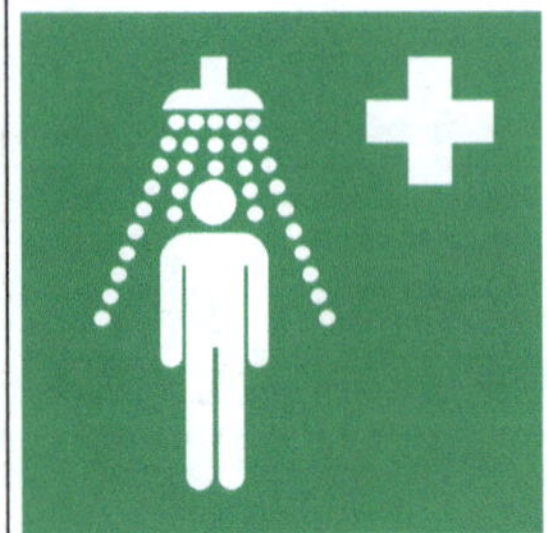
E010 Automatisierter Externer Defibrillator (AED)	**E011 Augenspüleinrichtung**	**E012 Notdusche**
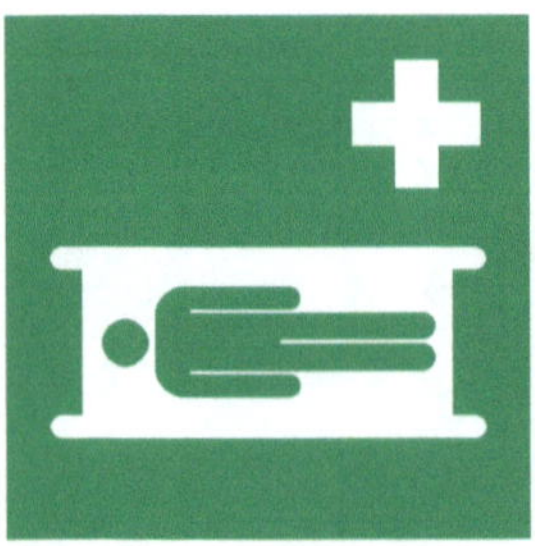		
E013 Krankentrage	**E016 Notausstieg mit Fluchtleiter**	**gestrichen**

E061 Wasser-Rettungsausrüstung	**D-E019 Notausstieg[1)]**	**E033 Schiebetür öffnet nach rechts**

[1)] Aus DIN 4844-2 „Graphische Symbole – Sicherheitsfarben und Sicherheitszeichen“ Ausgabe Dezember 2021.

 E034 Schiebetür öffnet nach links	 Beispiel für Notausgang (E002) mit Zusatzzeichen (Richtungspfeil)
 Beispiel für Notausgang (E002) mit Zusatzzeichen (Richtungspfeil)	

5 Brandschutzzeichen

F001 Feuerlöscher	F002 Löschschlauch	F003 Feuerleiter

F004 Mittel und Geräte zur Brandbekämpfung	F005 Brandmelder	F006 Brandmeldetelefon

Anhang 2
Handzeichen

1 Allgemeine Handzeichen

Bedeutung	Beschreibung	Bildliche Darstellung	vereinfachte Darstellung
Achtung Anfang Vorsicht	Rechten Arm nach oben halten, Handfläche zeigt nach vorn		
Halt Unterbrechung Bewegung nicht weite ausführen	Beide Arme seitwärts waagerecht ausstrecken, Handflächen zeigen nach vorn		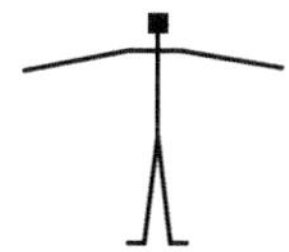
Halt – Gefahr	Beide Arme seitwärts waagerecht ausstrecken, Handflächen zeigen nach vorn, und Arme abwechselnd anwinkeln und strecken		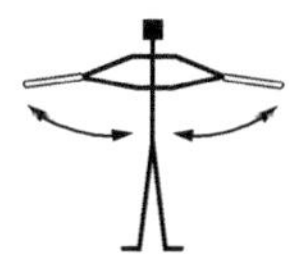

2 Handzeichen für Bewegungen — vertikal

Bedeutung	Beschreibung	Bildliche Darstellung	vereinfachte Darstellung
Heben Auf	Rechten Arm nach oben halten, Handfläche zeigt nach vorn und macht eine langsame, kreisende Bewegung		
Senken Ab	Rechten Arm nach unten halten, Handfläche zeigt nach innen und macht eine langsame, kreisende Bewegung		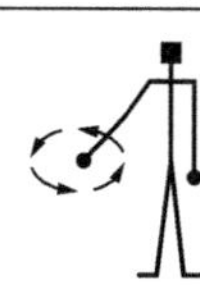
Langsam	Rechten Arm waagerecht ausstrecken, Handfläche zeigt nach unten und wird langsam auf- und abbewegt		

3 Handzeichen für Bewegungen — horizontal

Bedeutung	Beschreibung	Bildliche Darstellung	vereinfachte Darstellung
Abfahren	Rechten Arm nach oben halten, Handfläche zeigt nach vorn, und Arm seitlich hin- und herbewegen		
Herkommen	Beide Arme beugen, Handflächen zeigen nach innen und mit den Unterarmen heranwinken		
Entfernen	Beide Arme beugen, Handflächen zeigen nach außen und mit den Unterarmen wegwinken		
Rechts fahren – vom Einweiser aus gesehen	Den rechten Arm in horizontaler Haltung leicht anwinkeln und seitlich hin- und herbewegen		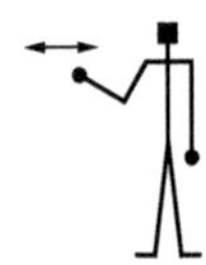
Links fahren – vom Einweiser aus gesehen	Den linken Arm in horizontaler Haltung leicht anwinkeln und seitlich hin- und herbewegen		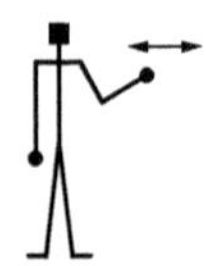
Anzeige einer Abstandsverringerung	Beide Handflächen parallel halten und dem Abstand entsprechend zusammenführen		

Anhang 3
Beispiel eines Flucht- und Rettungsplans

(nach DIN ISO 23601 „Sicherheitskennzeichnung – Flucht- und Rettungspläne“, Ausgabe November 2021)

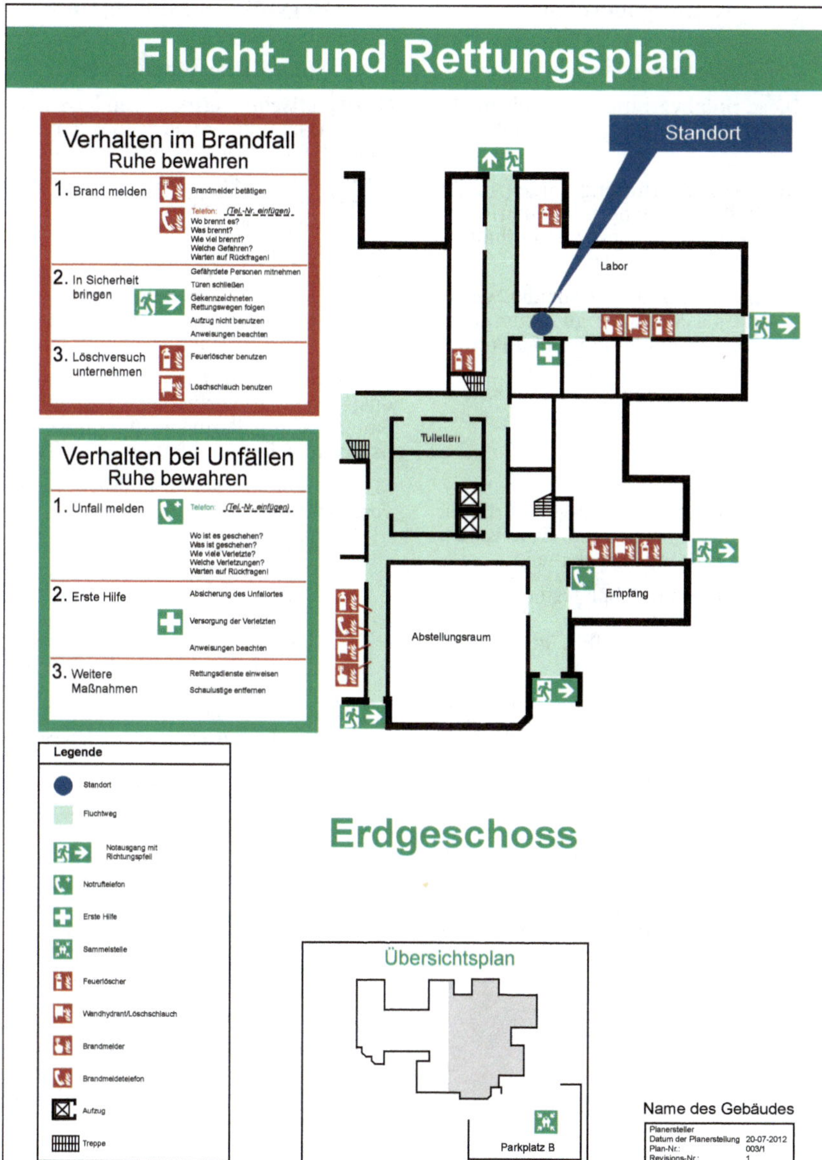

DGUV Vorschrift 13 – Organische Peroxide
vom Januar 2011

I.
Geltungsbereich

§ 1
Geltungsbereich

(1) Diese Unfallverhütungsvorschrift gilt für den Umgang mit organischen Peroxiden.

(2) Diese Unfallverhütungsvorschrift gilt nicht für den Umgang mit Zubereitungen, die organische Peroxide enthalten, wenn deren Massenanteil

- an organischen Peroxiden weniger als 5 % oder an Aktivsauerstoff aus den organischen Peroxiden weniger als 0,5 %
- und außerdem der Massenanteil
- an Wasserstoffperoxid weniger als 5 %

beträgt.

(3) Diese Unfallverhütungsvorschrift gilt nicht für den Umgang mit organischen Peroxiden in Kleinverpackungen

- bis zu 100 g bei festen organischen Peroxiden,
- bis zu 25 ml bei flüssigen organischen Peroxiden

in einer Gesamtmenge von höchstens 100 kg, sofern diese organischen Peroxide nicht dem Sprengstoffgesetz unterliegen und als handelsfertige Produkte zur Abgabe an Endverbraucher bestimmt sind.

(4) Diese Unfallverhütungsvorschrift gilt nicht für die Lagerung explosionsgefährlicher organischer Peroxide, soweit dies in der Zweiten Verordnung zum Sprengstoffgesetz geregelt ist.

II.
Begriffsbestimmungen

§ 2
Begriffsbestimmungen

(1) **Organische Peroxide** sind Derivate des Wasserstoffperoxides, bei dem ein oder beide Wasserstoffatome durch organische Gruppen ersetzt sind. Organische Peroxide im Sinne dieser Unfallverhütungsvorschrift sind sowohl die reinen Stoffe, als auch ihre Zubereitungen mit anderen Stoffen, soweit sie organische Peroxide in solcher Menge enthalten, dass ihre Gefährlichkeit von den in ihnen enthaltenen Peroxiden bestimmt wird.

(2) **Aktivsauerstoff** ist der für Oxidationsreaktionen verfügbare abspaltbare Sauerstoff der Peroxidgruppe (pro Peroxidgruppe jeweils 1 Sauerstoffatom).

(3) Im Sinne dieser Unfallverhütungsvorschrift sind/ist

1. **Abfüllen** das Fördern aus ortsfesten oder ortsbeweglichen Gefäßen in andere Gefäße oder Behälter,
2. **Abstellen** das für den Fortgang der Arbeiten erforderliche Aufbewahren bis zu 24 Stunden oder bis zum darauffolgenden Werktag. Ist dieser Werktag ein Sonnabend, so endet die Frist mit Ablauf des nächsten Werktages. Dieses kann als Fertig- oder Zwischenerzeugnis in einer vom Betrieb bestimmten Verpackung oder in einer Versandpackung erfolgen, um entweder dem Bereithalten, dem Versand oder dem Lagern zugeführt zu werden,
3. **Aufbewahren** der Oberbegriff für das Abstellen, Bereithalten und Lagern,
4. **Bearbeiten von organischen Peroxiden** das Verändern ihrer Beschaffenheit oder ihres Gehaltes mittels physikalischer Methoden,

5. **Bereithalten** das kurzzeitige vorübergehende Aufbewahren für längstens 24 Stunden oder bis zum darauffolgenden Werktag auch in Versandpackungen in der für den Fortgang der Arbeit erforderlichen Menge bei oder in der Nähe von Arbeitsplätzen, um abgefüllt, bearbeitet, gefördert, transportiert, verarbeitet oder vernichtet zu werden,
6. **Betriebsgebäude oder -anlagen** Gebäude oder Anlagen mit ständigen Arbeitsplätzen, unabhängig davon, ob in ihnen mit organischen Peroxiden umgegangen wird oder nicht,
7. **Durchsatz** der bei einem Brandversuch zum Zwecke der Zuordnung zu Gefahrgruppen ermittelte Quotient aus der Menge des eingesetzten Stoffes in kg und der gemessenen Brenndauer in min,
8. **Fördern und Fortleiten** das innerbetriebliche Befördern mit ortsfesten Einrichtungen,
9. **Herstellen** organischer Peroxide das beabsichtigte Erzeugen organischer Stoffe als End- oder Zwischenprodukt, die die Peroxidgruppe enthalten, durch chemische Reaktionen; Zwischenprodukte im Sinne des Satzes 1 liegen nicht vor, wenn organische Peroxide im Verfahrensfluss nur intermediär in ungefährlicher Konzentration entstehen und nicht isolierbar anfallen,
10. **Lager** ein Gebäude, ein Raum, ein ortsfester Behälter oder ein Bereich im Freien, der dazu bestimmt ist, organische Peroxide zu lagern,
11. **Lagerbereich** die zur Lagerung organischer Peroxide festgelegte Fläche,
12. **Lagergebäude** mit dem Boden fest verbundene bauliche Einrichtungen, die einen hinreichenden Schutz des Lagergutes gegen Witterungseinflüsse bieten und ausschließlich der Lagerung und den zum Betrieb des Lagers notwendigen Arbeiten dienen,
13. **Lagern** das Aufbewahren von organischen Peroxiden zur späteren Verwendung sowie zur Abgabe an andere. Abgabe an andere schließt die Bereitstellung zur Beförderung ein, wenn diese nicht binnen 24 Stunden oder am darauffolgenden Werktag erfolgt. Ist dieser Werktag ein Sonnabend, so endet die Frist mit Ablauf des nächsten Werktages,
14. **Lagerräume** Räume, in denen organische Peroxide gegebenenfalls zusammen mit anderen Stoffen gelagert werden; diese Räume können sich in Lagergebäuden oder in anderen Gebäuden befinden,
15. **Sicherheitsabstände** die innerhalb eines Betriebes einzuhaltenden Abstände, gemessen als kürzeste Entfernung der einander zugekehrten Begrenzungen,
16. **Transportieren** das innerbetriebliche Befördern, das kein Fördern oder Fortleiten ist,
17. **Umgang** das Herstellen oder Verwenden,
18. **Verwenden** von organischen Peroxiden das Abfüllen, Abstellen, Bearbeiten, Bereithalten, Fördern, Fortleiten, Lagern, Transportieren, Verarbeiten oder Vernichten,
19. **Verarbeiten** das Verwenden von organischen Peroxiden zum Herstellen oder Behandeln anderer Stoffe, wenn die organischen Peroxide dabei chemisch umgesetzt werden,
20. **Vernichten** das Umwandeln in andere Stoffe mittels geeigneter Maßnahmen zum Zwecke der Beseitigung,
21. **Wirkungsrichtung** die bei der Bemessung der Sicherheitsabstände von Gebäuden und Freianlagen, in denen mit organischen Peroxiden umgegangen wird, zu anderen Gebäuden sowie Freianlagen jeweils betrachtete Bezugsrichtung,

22. **Zusammenlagern** das gemeinsame Lagern verschiedener organischer Peroxide miteinander oder mit anderen Stoffen oder Materialien innerhalb desselben Lagerbereiches oder in verschiedenen, jedoch voneinander unzureichend getrennten Lagerbereichen oder Bereichen der Lagerung anderer Materialien.

III.
Gruppeneinteilung, Prüfung und Zuordnung organischer Peroxide

§ 3
Gruppeneinteilung, Prüfung und Zuordnung organischer Peroxide

(1) Die organischen Peroxide oder ihre Zwischenprodukte werden unter Berücksichtigung ihrer Behältnisse in die nachstehenden vier Gefahrgruppen eingeteilt, nach denen die Sicherheitsanforderungen festzulegen sind. Dabei gelten explosionsgefährliche organische Peroxide der Lagergruppen I, II bzw. III der Zweiten Verordnung zum Sprengstoffgesetz als Stoffe der Gefahrgruppen OP I, OP II bzw. OP III.

Gefahrgruppe OP I:

Peroxide dieser Gruppe brennen sehr heftig unter starker Wärmeentwicklung ab. Der Brand breitet sich rasch aus. Peroxide bzw. Packungen können auch vereinzelt mit geringer Druckwirkung explodieren; dabei kann sich der gesamte Inhalt einer Packung umsetzen. Einzelne brennende Packungen können fortgeschleudert werden. Die Gefährdung der Umgebung durch Wurfstücke ist gering. Die Gebäude in der Umgebung sind im Allgemeinen durch Druckwirkung nicht gefährdet. Diese Gefahrgruppe wird in die Untergruppen Ia und Ib unterteilt. Die Gefahrgruppe Ia umfasst die organischen Peroxide mit einem korrigierten Stoffdurchsatz A_k größer oder gleich als 300 kg/min. Die Gefahrgruppe Ib umfasst die organischen Peroxide mit einem korrigierten Stoffdurchsatz A_k größer oder gleich als 140 kg/min, jedoch kleiner als 300 kg/min.

Gefahrgruppe OP II:

Die Peroxide dieser Gruppe brennen heftig unter starker Wärmeentwicklung ab. Der Brand breitet sich rasch aus. Die Peroxide bzw. Packungen können auch vereinzelt mit geringer Druckwirkung explodieren; dabei setzt sich jedoch nicht der gesamte Inhalt einer Packung um. Die Umgebung ist hauptsächlich durch Flammen und Wärmestrahlung gefährdet. Bauten in der Umgebung sind durch Druckwirkung nicht gefährdet. Die Gefahrgruppe OP II umfasst die organischen Peroxide mit einem korrigierten Stoffdurchsatz A_k größer oder gleich als 60 kg/min, jedoch kleiner als 140 kg/min.

Gefahrgruppe OP III:

Die Peroxide dieser Gruppe brennen ab, wobei die Auswirkungen des Brandes denen brennbarer Stoffe vergleichbar sind. Die Gefahrgruppe OP III umfasst die organischen Peroxide mit einem korrigierten Stoffdurchsatz A_k kleiner als 60 kg/min.

Gefahrgruppe OP IV:

Die Peroxide dieser Gruppe sind schwer entzündbar und brennen so langsam ab, dass die Umgebung durch Flammen und Wärmestrahlung praktisch nicht gefährdet ist. Die Angabe eines korrigierten Stoffdurchsatzes A_k ist für diese Gefahrgruppe nicht möglich.

(2) Die Zuordnung zu einer Gefahrgruppe wird von der Berufsgenossenschaft in Abstimmung mit der zuständigen Aufsichtsbehörde vorgenommen. Der Unternehmer, der organische Peroxide herstellt oder verwendet, für die noch keine Zuordnung zu den Gefahrgruppen vorgenommen worden ist, hat dies der Berufsgenossenschaft unter Beifügung entsprechender Prüfnachweise schriftlich mitzuteilen. Für den Verwender gilt dies nur, sofern der Hersteller nicht bereits mitgeteilt hat.

(3) Der Unternehmer hat organische Peroxide bis zu ihrer Zuordnung zu behandeln wie Stoffe der Gefahrgruppe

- OP Ib, wenn die Peroxidkonzentration größer oder gleich 57 % ist,

- OP II, wenn die Peroxidkonzentration größer oder gleich 32 %, aber kleiner als 57 % ist,
- OP III, wenn die Peroxidkonzentration größer oder gleich 10 %, aber kleiner als 32 % ist,
- OP IV, wenn die Peroxidkonzentration größer oder gleich 10 % ist, die Stoffe aber nicht brennbar sind und die Zustimmung der Berufsgenossenschaft vorliegt. Im Zweifelsfall hat der Unternehmer ein Gutachten einer anerkannten Prüfstelle beizubringen.

(4) Der Unternehmer hat eine Änderung einer bereits vorgenommenen Zuordnung zu einer Gefahrgruppe bei der Berufsgenossenschaft unter Vorlage entsprechender Prüfergebnisse zu beantragen. Auf Verlangen der Berufsgenossenschaft ist eine anerkannte Prüfstelle zur Entscheidungsfindung gutachterlich zu hören.

(5) Der Unternehmer hat bei der Beurteilung der organischen Peroxide und ihrer Zwischenprodukte beim Herstellen, Be- oder Verarbeiten zu prüfen, ob deren Gefährlichkeit einer Gefahrgruppenzuordnung in der Versandpackung entspricht. Dabei sind die Gefahren, die von den jeweiligen Betriebszuständen des Verfahrens ausgehen können, zu berücksichtigen. Insbesondere ist die Frage zu beantworten, ob bei der Herstellung, Be- oder Verarbeitung Gemische auftreten können, die detonationsfähig sind oder zur schnellen Deflagration oder heftigen Wärmeexplosion neigen. In diesen Fällen hat der Unternehmer für den betroffenen Anlagenbereich ein Gutachten einer anerkannten Prüfstelle beizubringen, das auf die notwendigen zusätzlichen Sicherheitsmaßnahmen eingeht.

IV.
Bau und Ausrüstung

§ 4
Allgemeines

Der Unternehmer hat dafür zu sorgen, dass Betriebe, in denen mit organischen Peroxiden umgegangen wird, entsprechend den Bestimmungen dieses Abschnittes IV beschaffen und eingerichtet sind.

A.
Anordnung, Bauweise und bauliche Einrichtungen der Gebäude, Räume und Freianlagen

§ 5
Allgemeine Anforderungen

(1) Gebäude und Freianlagen, in denen mit organischen Peroxiden umgegangen wird, müssen in Abhängigkeit von der

- Gefahrgruppe und Menge der organischen Peroxide

sowie von der

- Lage, Anordnung und Bauart der Gebäude und Anlagen

Sicherheitsabstände zu anderen Gebäuden oder Anlagen entsprechend Anhang I aufweisen. Von Gebäuden, in denen nur mit organischen Peroxiden der Gefahrgruppe OP IV umgegangen wird, sind keine Sicherheitsabstände erforderlich.

(2) Sind in einem Gebäude die organischen Peroxide durch bauliche Maßnahmen in Teilmengen unterteilt und ist durch diese Unterteilung ein gleichzeitiger Abbrand anderer Teilmengen ausgeschlossen (Zellenbauweise), so ist für die Ermittlung der Sicherheitsabstände zu anderen Gebäuden die Teilmenge zugrunde zu legen, die den größten Sicherheitsabstand erfordert.

(3) Gegenüber gefährdeten Gebäuden, Räumen, Anlagen und Anlagenteilen, in denen sich keine ständigen Arbeitsplätze befinden, ist ein Mindestabstand von 10 m einzuhalten. Es ist kein Abstand erforderlich, wenn keine Gefahrerhöhung gegeben ist.

(4) Wird durch die Art des Umganges mit organischen Peroxiden eine Verminderung der Gefahr herbeigeführt, können erleichternde Bedingungen entsprechend einer niedrigeren Gefahrgruppe angewendet werden.

(5) Wird durch die Art des Umganges mit organischen Peroxiden eine Erhöhung der Gefahr herbeigeführt, sind weitere Maßnahmen baulicher oder betrieblicher Art zu treffen, gegebenenfalls ist eine Erhöhung des Sicherheitsabstandes entsprechend einer höheren Gefahrgruppe erforderlich.

(6) Bei besonderen örtlichen und betrieblichen Verhältnissen können mit Zustimmung der Berufsgenossenschaft im Einvernehmen mit den zuständigen Aufsichtsbehörden, in Abhängigkeit von der Gruppe und Menge der organischen Peroxide die Abstände herabgesetzt oder auf die Abstände verzichtet werden, wenn durch geeignete Ersatzmaßnahmen die Versicherten vor der Auswirkung von Explosionen oder Bränden hinreichend geschützt sind.

(7) Um Freilager und um Bauwerke, in denen mit organischen Peroxiden umgegangen wird, ist ein Brandschutzbereich von 25 m Tiefe festzulegen, der gekennzeichnet sein muss, wenn die örtlichen oder betrieblichen Gegebenheiten dies erfordern. Der Brandschutzbereich kann verkleinert werden, soweit das Schutzziel auf gleich wirksame Weise erreicht wird.

(8) Gebäude, in denen mit organischen Peroxiden umgegangen wird, müssen aus nichtbrennbaren Baustoffen in mindestens feuerhemmender Bauweise errichtet sein. Ausgenommen hiervon sind Druckentlastungsflächen, Türen und Fenster. Dachdeckungen müssen ausreichenden Schutz gegen Flugfeuer und strahlende Wärme bieten. Diese müssen mindestens schwer entflammbar sein.

(9) Fußböden müssen erforderlichenfalls elektrostatisch leitfähig und geerdet sein sowie eine dichte, ebene und trittsichere Oberfläche haben und sich leicht reinigen lassen.

(10) In Fußböden dürfen sich keine Kanalöffnungen befinden. Offene Kanäle dürfen nur dann vorhanden sein, wenn sichergestellt ist, dass sich dort keine gefährlichen Stoffe, insbesondere keine organischen Peroxide, ablagern können.

(11) Fenster von Gebäuden, in denen mit organischen Peroxiden umgegangen wird, müssen mit Blendschutz ausgerüstet sein, wenn durch Sonneneinstrahlung eine zusätzliche Gefahr besteht.

(12) Gebäude, in denen mit organischen Peroxiden umgegangen wird, müssen mit einer geeigneten Blitzschutzanlage ausgerüstet sein. Dies ist nicht erforderlich für organische Peroxide der Gefahrgruppe OP IV und bei organischen Peroxiden der Gefahrgruppe I, II und III in Mengen von weniger als 500 kg.

(13) Raumheizungen müssen so konstruiert, gestaltet und angeordnet sein, dass von ihnen keine gefährlichen Zersetzungen organischer Peroxide ausgelöst werden können.

§ 6
Abstände zu innerbetrieblichen Verkehrswegen

Vor Druckentlastungsflächen von Gebäuden, in denen mit organischen Peroxiden der Gruppe OP I und OP II umgegangen wird, muss zu innerbetrieblichen Verkehrswegen ein Abstand von mindestens 5 m eingehalten sein. Dies gilt nicht für Verkehrswege, die ausschließlich für den betriebstechnischen Ablauf in diesen Gebäuden notwendig sind.

§ 7
Lager

(1) Gebäude für das Lagern organischer Peroxide der Gefahrgruppe OP I bis OP III müssen in eingeschossiger Bauweise errichtet sein.

(2) Abweichend von Absatz 1 dürfen Lagerräume auch in anderen ein- oder mehrgeschossigen Gebäuden eingerichtet werden, wenn hierdurch keine Erhöhung der Gefährdung für die Versicherten verursacht wird. In diesem Fall müssen die Lagerräume einschließlich Zugangstüren, die nicht direkt ins Freie führen, in feuerbeständiger Bauweise errichtet sein und aus unbrennbaren Baustoffen bestehen. Mindestens eine Tür des Lagerraumes muss entweder unmittelbar ins Freie oder in Flure oder

Treppenräume führen, die Rettungswege im Sinne des Bauordnungsrechts der Länder sind. Türen zu Fluren oder Treppenräumen gelten nicht als Druckentlastungsflächen.

(3) Lagerräume in mehrgeschossigen Gebäuden müssen so gelegen sein, dass die Fluchtmöglichkeit aus anderen Räumen nicht eingeschränkt werden kann.

(4) Freilager müssen den Packstücken oder sonstigen Behältnissen ausreichenden Schutz vor Witterungseinflüssen, die zu einer Gefahrerhöhung führen können, bieten. Sie sind einzufrieden, wenn die örtlichen oder betrieblichen Gegebenheiten dies erfordern.

(5) In Lagergebäuden darf für Decken und gleichzustellende Dächer, Balken, Unterzüge, Pfeiler und Stützen, Bühnen, Treppen, Türen, Fenster und dergleichen Holz unverkleidet verwendet werden. Das Holz muss mit einem zugelassenen Feuerschutzmittel getränkt oder mit einem schwer entflammbaren Lack gestrichen sein.

(6) Lagerräume für organische Peroxide der Gefahrgruppen OP I bis OP III müssen mit Druckentlastungsflächen versehen sein. Für organische Peroxide der Gefahrgruppe OP I und OP II muss die erforderliche Druckentlastung im Brandfalle entweder durch eine geeignete Bauart des Daches oder durch geeignete Druckentlastungsflächen in den Außenwänden gewährleistet sein. Druckentlastungsflächen müssen aus leichten Baustoffen bestehen. Ihre Widerstandsfähigkeit gegen Druckeinwirkung muss wesentlich geringer sein als die der übrigen Bauteile. Für organische Peroxide der Gefahrgruppe OP III sind im Regelfall außer Fenstern und Türen keine zusätzlichen Druckentlastungsflächen erforderlich.

(7) Lagerräume müssen so errichtet und ausgerüstet sein, dass die höchstzulässige Aufbewahrungstemperatur organischer Peroxide nicht überschritten wird.

(8) Räume, in denen organische Peroxide mit einer höchstzulässigen Aufbewahrungstemperatur unter + 20 °C gelagert werden, müssen so errichtet und ausgerüstet sein, dass während der Lagerzeit eine dauernde Kühlhaltung sichergestellt und die Unterschreitung der höchstzulässigen Aufbewahrungstemperatur überwacht und bei Überschreitung durch geeignete Warneinrichtungen darauf hingewiesen wird. Kann auch durch Kühlung auf zu niedrige Temperaturen eine Gefährdung infolge von Entmischung oder Kristallisation eintreten, müssen die Überwachungseinrichtungen auch geeignet sein, die Unterschreitung einer unteren Temperaturgrenze zu verhindern.

(9) Zur Vermeidung einer unzulässigen Verdämmung oder eines Druckaufbaues bei Zersetzung der Peroxide dürfen Kühltruhen nicht mit arretierenden Verschlüssen versehen sein.

(10) Räume, in denen organische Peroxide mit einer höchstzulässigen Aufbewahrungstemperatur von + 20 °C und darüber gelagert werden, bedürfen keiner zusätzlichen Kühlung, wenn durch eine entsprechend niedrige, jahreszeitlich bedingte Temperatur gewährleistet ist, dass während der Lagerung die höchstzulässige Aufbewahrungstemperatur zu keiner Zeit überschritten wird. Dies ist durch eine geeignete Warneinrichtung zu überwachen.

(11) Flüssige organische Peroxide müssen so gelagert sein, dass auslaufende Mengen aufgefangen und erkannt werden sowie beseitigt werden können. Das Fassungsvermögen von Auffangräumen muss so bemessen sein, dass sich das Lagergut nicht über die Auffangräume hinaus ausbreiten kann.

(12) Das beim Befüllen von Tanks mit flüssigen organischen Peroxiden verdrängte Dampf/Luft-Gemisch muss so abgeleitet werden, dass Gefahren für Versicherte nicht entstehen können.

§ 8
Abstellräume

(1) Für das Abstellen von organischen Peroxiden in einer Versandpackung oder in einer vom Betrieb bestimmten Verpackung müssen Abstellräume vorhanden sein

1. für die Gefahrgruppen OP II und OP III bei einer Menge von über 60 kg bis 500 kg,
2. für die Gefahrgruppe OP Ib bei einer Menge von 20 kg bis 250 kg,
3. für die Gefahrgruppe OP Ia bei einer Menge bis zu 100 kg.

In den Fällen der Nummern 2 und 3 muss der Abstellraum von anderen Räumen feuerbeständig abgetrennt und druckentlastet sein, im Fall der Nummer 1 genügt eine feuerhemmende Abtrennung.

(2) Für das Abstellen kleinerer Mengen der in Absatz 1 genannten organischen Peroxide gilt § 25 Abs. 5 und 7. Für größere Mengen sowie für das Abstellen im Freien gelten die Bestimmungen des § 7.

§ 9
Gebäude und Räume für das Herstellen, Bearbeiten, Verarbeiten, Abfüllen, Vernichten

(1) Gebäude und Räume zum Herstellen, Bearbeiten, Verarbeiten, Abfüllen oder Vernichten organischer Peroxide müssen in Sicherheitsbauweise mit ausreichend widerstandsfähigen Decken und Wänden und ausreichend bemessenen Druckentlastungsflächen errichtet sein, wenn die Versicherten durch eintretende Zersetzungen gefährdet werden können.

(2) Druckentlastungsflächen müssen aus leichten Baustoffen bestehen. Ihre Widerstandsfähigkeit muss wesentlich geringer sein als die der übrigen Bauteile.

§ 10
Öffnungen in Trennwänden

(1) In widerstandsfähigen Wänden zwischen Produktions- und Bedienungsräumen dürfen Türen, Sichtfenster und erforderliche Verbindungseinrichtungen vorhanden sein.

(2) Die Türen und Sichtfenster müssen den gleichen zu erwartenden Beanspruchungen standhalten wie die widerstandsfähigen Wände, in denen sie sich befinden.

(3) Verbindungseinrichtungen in widerstandsfähigen Wänden müssen den zu erwartenden Beanspruchungen widerstehen.

B.
Betriebsanlagen und -einrichtungen

§ 11
Allgemeine Anforderungen

(1) In Räumen für den Umgang mit organischen Peroxiden, die gemäß § 9 Abs. 1 in Sicherheitsbauweise errichtet werden müssen, dürfen nur die für den Umgang mit organischen Peroxiden erforderlichen Anlagen und Anlagenteile sowie die erforderlichen Zusatzeinrichtungen installiert sein.

(2) Anlagen und Anlagenteile müssen so beschaffen und ausgerüstet sein, dass auch im Gefahrfall die Betriebssicherheit gewährleistet und ein unkontrollierter Austritt von organischen Peroxiden vermieden wird.

(3) Ist aus verfahrensbedingten Gründen ein Austritt organischer Peroxide nicht zu vermeiden, muss durch geeignete Maßnahmen eine Gefährdung der Versicherten vermieden werden.

(4) Anlagen und Anlagenteile müssen so beschaffen und angeordnet sein, dass sie vollständig und gefahrlos entleert werden können.

(5) In Gebäuden und Anlagen, in denen mit organischen Peroxiden umgegangen wird, müssen Maßnahmen zur Vermeidung von Zündquellen getroffen sein, wenn durch solche Zündquellen die organischen Peroxide selbst oder ihre Gemische mit Luft entzündet werden können.

(6) Anlagen müssen so errichtet sein, dass durch sie keine gefährlichen Reaktionen der organischen Peroxide ausgelöst werden.

(7) Anlagen, in denen mit organischen Peroxiden umgegangen wird, sind mit Kontroll- und Regeleinrichtungen auszurüsten, die den bestimmungsgemäßen Betrieb sicherstellen. Für die Funktions-

sicherheit notwendige Rohrleitungen, Kabel-, Steuerleitungen sind so zu gestalten oder zu verlegen, dass sie gegen die Zerstörung durch Brandeinwirkung geschützt sind.

(8) Für den Umgang mit organischen Peroxiden, insbesondere für Anlagen und Anlagenteile zur Herstellung und Bearbeitung organischer Peroxide, dürfen nur Werkstoffe verwendet werden, die gegenüber den Rohstoffen, der Reaktionsmischung, den Hilfsstoffen, wie auch den organischen Peroxiden selbst und den verfahrensbedingt zu erwartenden thermischen Beanspruchungen hinreichend beständig und mit ihnen verträglich sind. Dies gilt auch für die verwendeten Werkzeuge.

(9) Für Anlagen, in denen mit organischen Peroxiden umgegangen wird, sind zusätzlich Einrichtungen vorzusehen, die bei einer Betriebsstörung Schadwirkungen so gering wie möglich halten und eine Gefährdung der Versicherten verhindern.

(10) In der Nähe von Reaktionsgefäßen dürfen in Richtung auf die Druckentlastungsflächen keine Anlagen, Anlagenteile oder Einrichtungen vorhanden sein, die im Falle einer gefährlichen Zersetzung eine Gefährdung der Versicherten verursachen können.

(11) Messwarten sind so zu errichten und zu gestalten, dass keine Gefährdung der darin tätigen Versicherten zu erwarten ist.

(12) Für den Umgang mit organischen Peroxiden in ortsfesten Freianlagen einschließlich der Lagerung in Tanks oder Silos hat der Unternehmer auf Verlangen der Berufsgenossenschaft und auf seine Kosten ein Gutachten einer anerkannten Prüfstelle vorzulegen. Dieses Gutachten soll insbesondere Vorschläge über besondere Sicherheitsmaßnahmen zur Vermeidung gefährlicher Betriebszustände und über die Sicherheitsabstände enthalten. Ein Gutachten ist nicht erforderlich für solche Teile von Freianlagen, in denen organische Peroxide nur als Hilfsstoffe chemisch umgesetzt werden.

§ 12
Einrichtungen zum Fördern, Fortleiten oder Abfüllen

(1) Einrichtungen zum Fördern, Fortleiten oder Abfüllen von organischen Peroxiden müssen so beschaffen und aufgestellt sein, dass eine gefährliche chemische, thermische oder mechanische Beanspruchung der organischen Peroxide durch das Fördern, Fortleiten oder Abfüllen sicher vermieden wird.

(1) Ein gefährlicher Einschluss der organischen Peroxide muss vermieden sein.

(3) Rohrleitungen, Förder- und Abfülleinrichtungen für organische Peroxide müssen so konstruiert oder verlegt sein, dass beim Entleeren keine gefahrbringenden Rückstände zurückbleiben.

(4) Rohrleitungen, Förder- und Abfülleinrichtungen müssen so beschaffen sein, dass unerwünschte Phasenumwandlungen der organischen Peroxide vermieden werden.

§ 13
Einrichtungen und Anlagen zum Vernichten durch Verbrennen

Sollen organische Peroxide regelmäßig durch Verbrennen vernichtet werden, muss eine geeignete Verbrennungseinrichtung in ausreichendem Sicherheitsabstand zu Gebäuden, Anlagen und Verkehrswegen vorhanden sein.

§ 14
Fahrzeuge zum Transport

(1) Kraftfahrzeuge und Flurförderzeuge müssen in Abhängigkeit von ihrem Einsatzbereich so beschaffen sein, dass bei bestimmungsgemäßem Gebrauch organische Peroxide weder durch heiße Oberflächen, Auspuffgase, elektrische Einrichtungen oder Betriebsmittel entzündet werden können.

(2) An nicht kraftbetriebenen Fahrzeugen müssen die Deichsel- und Kupplungseinrichtungen, soweit sie aus funkenreißendem Werkstoff bestehen, so gestaltet sein, dass sie den Boden nicht berühren können.

§ 15
Feuerlöscheinrichtungen

Geeignete Feuerlöscheinrichtungen müssen vorhanden und jederzeit erreichbar sein. Sie müssen den besonderen Eigenschaften der organischen Peroxide entsprechen.

V.
Betrieb

§ 16
Allgemeines

Soweit nichts anderes bestimmt ist, richten sich die Bestimmungen dieses Abschnittes V an Unternehmer und Versicherte.

§ 17
Beschäftigungsbeschränkungen

(1) Der Unternehmer darf für den Umgang mit organischen Peroxiden nur Versicherte beschäftigen, die das 18. Lebensjahr vollendet haben und von denen zu erwarten ist, dass sie die ihnen übertragenen Aufgaben zuverlässig erfüllen.

(2) Absatz 1 gilt nicht für die Beschäftigung Jugendlicher über 16 Jahre, soweit

1. dies zur Erreichung ihres Ausbildungszieles erforderlich ist,
2. ihr Schutz durch einen Aufsichtführenden gewährleistet ist
   und
3. die betriebsärztliche und sicherheitstechnische Betreuung sichergestellt ist.

(3) Absatz 2 Nr. 1 gilt nicht für die Durchführung von Arbeiten, bei denen eine Gefährdung der Versicherten nicht zu erwarten ist.

(4) Versicherte dürfen sich nur an den ihnen vom Unternehmer zugewiesenen Arbeitsplätzen und Arbeitsbereichen aufhalten.

§ 18
Betriebsanweisungen

(1) Der Unternehmer hat schriftliche Betriebsanweisungen aufzustellen, die Angaben enthalten über:

1. das Verhalten und die Gefahren beim Umgang mit organischen Peroxiden sowie das Benutzen persönlicher Schutzausrüstungen,
2. Sicherheitsbestimmungen, einschließlich der einzuhaltenden Temperaturen bei der Lagerung und Maßnahmen zu deren Überwachung,
3. die bei Störungen, Bränden und Explosionen sowie bei Unfällen zu treffenden Maßnahmen (Alarmplan, Brandbekämpfungsplan),
4. die Handhabung von Betriebseinrichtungen, sofern eine falsche Handhabung einen Gefahrzustand herbeiführen kann,
5. das An- und Abfahren, insbesondere bei kontinuierlich betriebenen Anlagen,
6. das Befördern von organischen Peroxiden,
7. die Probenahme aus Gebinden oder Tanks nach § 20 Abs. 3,
8. Maßnahmen zur Ersten Hilfe
   und
9. fachgerechte Abfallbeseitigung.

(2) Der Unternehmer hat Betriebsanweisungen an geeigneter Stelle im Betrieb auszuhängen oder auszulegen. Die Betriebsanweisungen sind in verständlicher Form und in der Sprache der Versicherten abzufassen.

(3) Die Versicherten haben die Betriebsanweisungen zu beachten.

§ 19
Unterweisung der Versicherten

Der Unternehmer hat die Versicherten vor der erstmaligen Aufnahme ihrer Tätigkeiten und danach in angemessenen Zeitabständen, mindestens jedoch einmal jährlich, über

1. die auftretenden Gefahren und die zu ihrer Abwendung zu treffenden Maßnahmen
   und
2. das Verhalten nach Unfällen und bei Störungen und die dabei zu treffenden Maßnahmen

zu unterweisen. Dabei ist insbesondere auf den Inhalt der Betriebsanweisungen nach § 18 einzugehen. Zeitpunkt und Umfang der jeweiligen Unterweisung sind schriftlich niederzulegen. Die Versicherten haben die Unterweisung durch Unterschrift zu bestätigen.

§ 20
Zulässige Arbeiten, Vermeiden gefährlicher Arbeitsweisen

(1) Der Umgang mit organischen Peroxiden darf nur an den vom Unternehmer bestimmten Orten erfolgen. In Lagern dürfen nur die zu deren Betrieb notwendigen Arbeiten vorgenommen werden.

(2) Der Unternehmer hat dafür zu sorgen, dass in Lagern für organische Peroxide der Gefahrgruppen OP I bis OP III aus einem Gebinde Teilmengen nur entnommen werden, wenn in dem betreffenden Lagerraum nicht mehr als 200 kg organische Peroxide vorhanden sind. In allen anderen Fällen ist die Entnahme nur in einem Nebenraum zulässig, der vom Lagerraum feuerbeständig abgetrennt ist. Dabei dürfen in diesem Nebenraum nicht mehr als 200 kg organischer Peroxide vorhanden sein. Muss in besonderen Fällen diese Mengenbegrenzung überschritten werden, hat der Unternehmer zusätzliche Sicherheitsmaßnahmen zu treffen, die von der Berufsgenossenschaft im Einvernehmen mit den zuständigen Aufsichtsbehörden festzulegen sind. Sind hierbei Festlegungen im Genehmigungsbescheid berührt, hat der Unternehmer die Genehmigungsbehörde mit einzuschalten.

(3) Sollen organische Peroxide aus Großgebinden oder Tanks entnommen werden, hat der Unternehmer dafür zu sorgen, dass dies nur unter Einhaltung besonderer Sicherheitsvorkehrungen erfolgt, die von der Berufsgenossenschaft im Einvernehmen mit den zuständigen Aufsichtsbehörden festzulegen sind. Sind hierbei Festlegungen im Genehmigungsbescheid berührt, ist die Genehmigungsbehörde mit einzuschalten.

(4) Die Absätze 2 und 3 gelten nicht für

- das Entnehmen von Probemengen für analytische Zwecke,
- wässerige Suspensionen organischer Peroxide
  oder
- andere organische Peroxide der Gefahrgruppe OP IV.

(5) Sollen organische Peroxide bereitgehalten werden, hat der Unternehmer die bereitgehaltenen Mengen organischer Peroxide bei der Festlegung der Art und des Umfangs der erforderlichen Sicherheitsmaßnahmen für die jeweilige Form des Umgangs zu berücksichtigen.

(6) Beim Abstellen, Bereithalten und Transportieren hat der Unternehmer dafür zu sorgen, dass die organischen Peroxide nicht unzulässig erwärmt oder in gefährlich erwärmtem Zustand eingelagert werden. Ist für ein organisches Peroxid keine höchstzulässige Aufbewahrungstemperatur festgelegt, hat der Unternehmer dennoch zu gewährleisten, dass bei der Lagerung eine Temperatur von 40 °C nicht überschritten werden kann. Dies gilt nicht, wenn der Nachweis erbracht wird, dass eine erhöhte Temperatur unbedenklich ist.

(7) Der Unternehmer hat dafür zu sorgen, dass organische Peroxide nicht auf oder unmittelbar an Heizflächen oder Heizleitungen aufbewahrt werden.

(8) Stoffe, bei denen Temperaturen von weniger als 70 °C zu einer gefährlichen Reaktion führen können, müssen von Zwischenwänden, Decken, Türen oder Fenstern in einem Mindestabstand von 0,3 m gelagert werden. Dieser Abstand kann verringert werden oder entfallen, wenn durch andere geeignete Maßnahmen eine gleiche Schutzwirkung gegen Wärmeübertragung im Falle eines Brandes im Nachbarraum erreicht wird.

(9) Bei organischen Peroxiden, die sich während der Lagerung entmischen können, hat der Unternehmer durch geeignete Maßnahmen sicherzustellen, dass eine ausreichende Phlegmatisierung erhalten bleibt.

(10) Muss während der Lagerung mit einer gefährlichen Verringerung der Stabilität der organischen Peroxide gerechnet werden, hat der Unternehmer dafür zu sorgen, dass eine vom Hersteller fest-

gelegte Höchstlagerdauer nicht überschritten wird.

(11) Der Unternehmer hat dafür zu sorgen, dass organische Peroxide, die in einen irreversiblen Zustand geraten sind, der zu einer gefährlichen Reaktion führen kann, oder andere nicht mehr verwendbare Stoffe gesondert und nach Arten getrennt aufbewahrt werden; er hat dafür zu sorgen, dass sie baldmöglichst beseitigt werden.

§ 21
Nutzung innerbetrieblicher Verkehrswege in Gefahrbereichen

(1) Der Unternehmer hat dafür zu sorgen, dass vor Druckentlastungsflächen von Lagern oder von Gebäuden oder Räumen zum Herstellen, Bearbeiten, Verarbeiten, Abfüllen oder Vernichten von organischen Peroxiden der Gefahrgruppen OP I oder OP II in einem Gefahrbereich von 12 m in anzunehmender Wirkungsrichtung keine Straßen- oder Schienenfahrzeuge abgestellt werden. Dies gilt nicht für Fahrzeuge während Ein- und Auslagerungsarbeiten. Der Unternehmer hat Verkehrswege innerhalb dieses Gefahrbereiches durch Anbringen von Verbotsschildern für den allgemeinen Werksverkehr zu sperren.

(2) Ist mit der Bildung von Wurfstücken oder mit einer gefährlichen Druckwirkung zu rechnen, hat der Unternehmer die Gefahrbereiche nach Absatz 1 angemessen zu vergrößern. Dies ist nicht erforderlich, wenn in Wirkungsrichtung geeignete Schutzmaßnahmen getroffen sind.

§ 22
Betrieb von Fahrzeugen zum Transport

(1) Der Unternehmer hat dafür zu sorgen, dass zum Transport organischer Peroxide nur geeignete Kraftfahrzeuge und Flurförderzeuge eingesetzt werden.

(2) Der Unternehmer hat dafür zu sorgen, dass durch den Betrieb der Fahrzeuge nach Absatz 1 und die festgelegten Fahrwege sichergestellt ist, dass die organischen Peroxide nicht entzündet oder zersetzt und die Versicherten dadurch nicht gefährdet werden können.

§ 23
Benutzen von Geräten und Werkzeugen

Versicherte dürfen nur solche Geräte und Werkzeuge benutzen, die der Unternehmer für die jeweilige Arbeit unter Berücksichtigung der Eigenschaften der organischen Peroxide zur Verfügung gestellt hat. Sie dürfen diese Geräte und Werkzeuge nur bestimmungsgemäß benutzen.

§ 24
Rauchverbot, Ausschluss von Zündquellen

(1) Aus Bereichen, in denen mit organischen Peroxiden umgegangen wird sowie aus Brandschutzbereichen nach § 5 Abs. 7 sind offenes Feuer und andere Zündquellen fernzuhalten. Das Rauchen ist in diesen Bereichen verboten. Der Unternehmer hat diese Bereiche durch das Verbotszeichen „Feuer, offenes Licht und Rauchen verboten" zu kennzeichnen.

(2) Abweichend von Absatz 1 Satz 1 dürfen in ungefährlichen Gebäuden der Betriebsteile, in denen mit organischen Peroxiden umgegangen wird, Räume mit Raucherlaubnis (Raucherinseln) eingerichtet sein, wenn dadurch keine Gefahrerhöhung herbeigeführt wird. Der Unternehmer hat dafür zu sorgen, dass in Räumen nach Satz 1 fest angebrachte Feuerzeuge, vor den Ausgängen Aschenbecher oder Gefäße mit Sand und an den Innenseiten der Türen das Verbotszeichen „Rauchen verboten" und ein Zusatzzeichen mit der Aufschrift „Außerhalb dieses Raumes" vorhanden sind.

(3) Der Unternehmer hat dafür zu sorgen, dass in unmittelbarer Nähe von Bereichen, in denen mit organischen Peroxiden umgegangen wird, leicht entzündliche und brennbare Materialien nicht vorhanden sind, soweit diese nicht für den Umgang mit den organischen Peroxiden benötigt werden.

§ 25
Aufbewahren

(1) Der Unternehmer hat dafür zu sorgen, dass organische Peroxide nur an dafür vorgesehenen Plätzen und in Versandpackung aufbewahrt werden. Aus betrieblichen Gründen dürfen organische Peroxide auch in anderen Behältnissen aufbewahrt werden, wenn diese so verschlossen und beschaffen sind, dass der Inhalt nicht beeinträchtigt wird und organische Peroxide nicht nach außen gelangen können. Solche vom Betrieb bestimmten Verpackungen sind den Versandpackungen gleichgestellt, soweit die organischen Peroxide in diesen Verpackungen den gleichen Gefahrgruppen zugeordnet werden können.

(2) Der Unternehmer hat dafür zu sorgen, dass Versandpackungen oder sonstige Behältnisse so gestellt oder gestapelt werden, dass

- sie von sich aus ihre Lage nicht verändern können,
- sie durch ihr Gewicht nicht in einer die Sicherheit gefährdenden Weise verformt werden,
- ihre sichere Handhabung möglich ist und
- die zur Aufrechterhaltung der Stabilität der Stoffe erforderlichen Maßnahmen getroffen werden können.

(3) Der Unternehmer hat dafür zu sorgen, dass organische Peroxide, für die eine höchstzulässige Aufbewahrungstemperatur festgelegt ist, sowie organische Peroxide, die sich bei tiefen Temperaturen in gefährlicher Weise entmischen können, nicht im Freien gelagert werden.

(4) Der Unternehmer hat dafür zu sorgen, dass kleine Mengen organischer Peroxide nur an geeigneten, vom Unternehmer festgelegten Orten aufbewahrt werden.

(5) Für das Lagern kleiner Mengen organischer Peroxide an bestimmten geeigneten Orten, jedoch nicht unmittelbar am Arbeitsplatz, gelten die in der folgenden Tabelle festgelegten Höchstmengen in kg, für deren Einhaltung der Unternehmer zu sorgen hat:

Organische Peroxide	Wohn- und Geschäftsgebäude					gewerblich genutzte Gebäude	
	Bewohnter Raum	unbewohnter Raum	Verkaufsraum	Nebenraum zum Verkaufsraum	unbewohnte Nebengebäude	Arbeitsraum[1)]	Lagerraum
Gefahrgruppe OP Ia	n. z.	3	n. z.	10	25	n. z.	100
Gefahrgruppe OP Ib	n. z.	5	n. z.	10	25	20	200
Gefahrgruppe OP II und III	n. z.	60	20	75	150	60	200

[1)] Gilt auch für die Lagerung in Baustellenwagen, Schiffen usw., soweit unvermeidbar; n. z. = nicht zulässig.

(6) Das Abstellen kleiner Mengen organischer Peroxide an geeigneten Orten außerhalb eines Abstellraumes oder eines Lagers darf der Unternehmer nur bis zu folgenden Höchstmengen zulassen:

- Gefahrgruppe OP Ia: nicht zulässig
- Gefahrgruppe OP Ib bis 20 kg
- Gefahrgruppe OP II und III bis insgesamt 60 kg

(7) Der Unternehmer hat dafür zu sorgen, dass an oder in der Nähe von Arbeitsplätzen organische Peroxide nur in einer Menge bereitgehalten werden, die für den Fortgang der Arbeit erforderlich ist.

(8) Der Unternehmer hat dafür zu sorgen, dass an Arbeitsplätzen explosionsgefährliche, hochentzündliche, leichtentzündliche, selbstentzündliche oder andere Stoffe, die mit organischen Peroxiden gefährlich reagieren können, nur in Mengen bereitgehalten werden, die für den Fortgang der Arbeit erforderlich sind.

§ 26
Zusammenlagern, gemeinsames Abstellen

(1) Der Unternehmer hat dafür zu sorgen, dass organische Peroxide mit anderen Stoffen oder Materialien nur zusammengelagert oder gemeinsam abgestellt werden, soweit hierdurch eine wesentliche Gefahrerhöhung nicht eintreten kann.

(2) Der Unternehmer hat dafür zu sorgen, dass organische Peroxide nicht zusammengelagert oder gemeinsam abgestellt werden mit Gütern der folgenden Klassen des IMDG-Code deutsch:

Klasse 2	– Verdichtete, verflüssigte oder unter Druck gelöste Gase
Klasse 3	– Entzündbare Flüssigkeiten
Klasse 4.2	– Selbstentzündliche Stoffe
Klasse 4.3	– Stoffe, die in Berührung mit Wasser entzündbare Gase entwickeln
Klasse 5.1	– Entzündend (oxidierend) wirkende Stoffe
Klasse 6.1	– Giftige Stoffe
Klasse 6.2	– Ansteckungsgefährliche Stoffe
Klasse 7	– Radioaktive Stoffe
Klasse 8	– Ätzende Stoffe

sowie mit Schwermetallverbindungen oder Aminen und deren Zubereitungen.

(3) Werden organische Peroxide verschiedener Gefahrgruppen zusammengelagert oder gemeinsam abgestellt, hat der Unternehmer die Gesamtmenge der organischen Peroxide aller Gefahrgruppen und für die Ermittlung der Abstände diejenige Gefahrgruppe zugrunde zu legen, die den größten Abstand zu den gefährdeten Objekten erfordert. Mengen der Gefahrgruppe OP III bleiben hierbei unberücksichtigt, es sei denn, dass eine wesentliche Gefahrerhöhung eintreten kann. Organische Peroxide der Gefahrgruppe OP IV bleiben unberücksichtigt.

(4) Beim Zusammenlagern oder gemeinsamen Abstellen von organischen Peroxiden mit entzündbaren festen Stoffen der Klasse 4.1 oder brennbaren Materialien hat der Unternehmer im Einzelfall zu prüfen, ob die Sicherheitsabstände zur Vermeidung einer gegebenenfalls eintretenden Gefahrerhöhung für die Umgebung des Lagers oder Abstellplatzes ausreichen oder zu erhöhen sind.

§ 27
Roh- und Hilfsstoffe

Der Unternehmer hat dafür zu sorgen, dass die für die Herstellung von organischen Peroxiden verwendeten Roh- und Hilfsstoffe nach Art oder Menge nur solche Verunreinigungen enthalten, die die Empfindlichkeit und die Zersetzung organischer Peroxide nicht in gefährlicher Weise erhöhen können.

§ 28
Anforderungen an die Sauberkeit beim Umgang mit organischen Peroxiden

(1) Der Unternehmer hat dafür zu sorgen, dass Um- und Abfüllarbeiten für organische Peroxide sowie für Roh- und Hilfsstoffe nur mit getrennten Einrichtungen und Geräten durchgeführt werden, wenn ein Vermischen der Stoffe eine Gefahrerhöhung herbeiführen kann.

(2) Arbeitsplätze für den Umgang mit organischen Peroxiden sind sauberzuhalten. Arbeitsräume einschließlich der Betriebseinrichtungen und Fußböden sind nach Anweisung des Unternehmers regelmäßig zu reinigen.

(3) Nach Gebrauch sind Gebinde für organische Peroxide unverzüglich zu verschließen. Entnommene Mengen an organischen Peroxiden, die nicht verbraucht worden sind, dürfen nicht wieder in die Aufbewahrungsgebinde zurückgegeben werden, sondern sind der Vernichtung zuzuführen. Spätestens

nach Arbeitsschluss sind alle Gebinde mit organischen Peroxiden an den dafür vorgesehenen Aufbewahrungsort zurückzubringen. Organische Peroxide, für die eine Lagertemperatur vorgeschrieben ist, müssen jedoch zur Vermeidung einer unzulässigen Temperaturerhöhung unverzüglich an den dafür vorgesehenen Aufbewahrungsort zurückgebracht werden.

§ 29
Beseitigen und Vernichten von organischen Peroxiden bzw. peroxidhaltigen Abfällen

(1) Vor dem Umgang mit organischen Peroxiden hat sich der Unternehmer über die stoffspezifische und zweckmäßige Abfallbeseitigungs- und Abfallvernichtungsmethode zu informieren und entsprechende schriftliche Anweisungen festzulegen.

(2) Abfälle von organischen Peroxiden oder peroxidhaltiger Kehricht sind in dafür vorgesehenen geeigneten Behältnissen zu sammeln. Die Behältnisse sind vom Unternehmer als solche zu kennzeichnen.

(3) Der Unternehmer hat dafür zu sorgen, dass in Abfallbehältnisse für organische Peroxide andere Stoffe nur eingebracht werden, wenn sichergestellt ist, dass hierdurch keine gefährliche Reaktion eintreten kann.

(4) Abfälle von organischen Peroxiden sind am Ende jeder Arbeitsschicht an einen sicheren Ort zu bringen. Der Unternehmer hat dafür zu sorgen, dass die Abfälle unverzüglich einer sachgemäßen Vernichtung zugeführt werden.

(5) Sollen Fehlchargen vernichtet werden, muss dies auf Anweisung des Unternehmers geschehen. Der Unternehmer hat hierfür besondere Betriebsanweisungen aufzustellen.

(6) Der Unternehmer hat dafür zu sorgen, dass zur Vernichtung bestimmte organische Peroxide oder Abfälle von organischen Peroxiden nach Anfall so verdünnt werden, dass keine gefährlichen, unkontrollierten Reaktionen eintreten können.

(7) Werden organische Peroxide durch Verbrennen in Einrichtungen gemäß § 13 vernichtet, hat der Unternehmer Sicherheitsmaßnahmen zu treffen, um eine Gefährdung der damit beauftragten Versicherten zu vermeiden. Der Unternehmer hat zur Aufsicht einen Sachkundigen zu benennen.

(8) Die Vernichtung gebrauchter, leerer Gebinde hat der Unternehmer so zu regeln, dass Versicherte nicht gefährdet werden.

§ 30
Instandhaltungs-, Änderungs- und Abbrucharbeiten

(1) Der Unternehmer hat Lager und Betriebsgebäude in gutem Zustand zu erhalten sowie Einrichtungen ordnungsgemäß zu betreiben und instandzuhalten.

(2) Der Unternehmer hat dafür zu sorgen, dass Instandsetzungs-, Änderungs- und Abbrucharbeiten, besonders Feuer- und Heißarbeiten an Einrichtungen, Arbeitsmaschinen und elektrischen Anlagen in Räumen, in denen mit organischen Peroxiden umgegangen wird, nur aufgrund einer schriftlichen Erlaubnis vorgenommen werden. In der Erlaubnis ist festzulegen:

1. Ort und Zeitpunkt der Arbeit,
2. Name des Aufsichtführenden,
3. Art und Ausführung der Arbeit,
4. Schutzmaßnahmen,
5. Prüfung auf Funktionssicherheit vor Wiederinbetriebnahme,
6. Unterschrift des Unternehmers oder seines Beauftragten.

Der Unternehmer hat den Inhalt der Erlaubnis den Versicherten bekannt zu geben. Der Unternehmer hat sich vor Beginn der Arbeiten von der Durchführung der Schutzmaßnahmen zu überzeugen und die Arbeiten durch einen von ihm beauftragten Sachkundigen beaufsichtigen zu lassen.

(3) Der Unternehmer hat dafür zu sorgen, dass nach Beendigung von Feuer- und Heißarbeiten organische Peroxide erst wieder an die Arbeitsstelle gebracht werden, nachdem durch eine gründliche

Prüfung festgestellt wurde, dass Zündquellen nicht mehr vorhanden sind.

(4) Der Unternehmer hat dafür zu sorgen, dass Instandsetzungs-, Änderungs- und Abbrucharbeiten an Arbeitsmaschinen und Einrichtungen, die noch organische Peroxide enthalten, unter Beachtung der Eigenschaften der organischen Peroxide durchgeführt werden.

§ 31
Verhalten bei gefährlichen Zersetzungen, Bränden und Explosionen

(1) Brände sind im Entstehungszustand durch die nach der Betriebsanweisung beauftragten Versicherten unverzüglich zu bekämpfen. Jedoch ist die Brandstelle sofort zu verlassen, wenn nach der Betriebsanweisung bekannt oder aus anderen Gründen zu erwarten ist, dass eine unmittelbare Gefahr (Explosion, Stichflamme) besteht oder wenn eine Brandbekämpfung aussichtslos erscheint. Die Versicherten haben Brände unverzüglich den vom Unternehmer bestimmten Personen zu melden und Personen in der Nähe der Brandstelle zu warnen.

(2) Bei gefährlichen Zersetzungen, Bränden oder Explosionen müssen die Versicherten, soweit sie nicht mit der Brandbekämpfung oder mit Rettungs- und Bergungsarbeiten beauftragt sind, möglichst schnell die im Alarmplan benannten oder vom Unternehmer im Einzelfall bestimmten geschützten Bereiche aufsuchen. Alle zur Brandstelle führenden Verkehrswege sind für die Einsatzfahrzeuge freizuhalten.

(3) Von Brand oder Explosionen betroffene Bereiche dürfen erst wieder betreten werden, wenn dies vom Unternehmer erlaubt wird.

(4) Der Unternehmer hat Zersetzungen, Brände und Explosionen der Berufsgenossenschaft und der zuständigen Aufsichtsbehörde unverzüglich anzuzeigen.

§ 32
Erste Hilfe

Der Unternehmer hat wirksame Maßnahmen zur Ersten Hilfe, insbesondere das Bereitstellen von Augen- und Körperduschen sowie die schriftliche Bekanntgabe der Maßnahmen, zu treffen.

VI.
Sonderbestimmungen

§ 33
Sonderbestimmungen

(1) Für organische Peroxide der Gefahrgruppe OP Ia werden die zusätzlichen Sicherheitsmaßnahmen von der Berufsgenossenschaft im Einvernehmen mit der zuständigen Aufsichtsbehörde unter Berücksichtigung der sprengstoffrechtlichen Regelungen im Einzelfall festgelegt.

(2) Zubereitungen organischer Peroxide mit einem Gehalt an organischen Peroxiden unter 10 % und einem Massengehalt an Wasserstoffperoxid unter 5 % werden keiner Gefahrgruppe zugeordnet. Sie unterliegen nur den § 7 Abs. 9, § 11 Abs. 4, 8 und 9, §§ 12, 18, 19, 28, 29, 30 Abs. 3, § 31 Abs. 4 und § 32.

(3) Zubereitungen organischer Peroxide mit einem Massengehalt an organischen Peroxiden von 5 Prozent und mehr oder einem Aktivsauerstoffgehalt von 0,5 Prozent und mehr, deren Eigenschaften nicht vom Gehalt an organischen Peroxiden bestimmt werden, können mit Zustimmung der Berufsgenossenschaft von den Bestimmungen dieser Unfallverhütungsvorschrift freigestellt werden. Die Berufsgenossenschaft trifft ihre Entscheidung im Einvernehmen mit der für den Arbeitsschutz zuständigen Behörde.

VII.
Ordnungswidrigkeiten

§ 34
Ordnungswidrigkeiten

Ordnungswidrig im Sinne des § 209 Abs. 1 Nr. 1 Siebtes Buch Sozialgesetzbuch (SGB VII) handelt, wer vorsätzlich oder fahrlässig den Bestimmungen

- des § 4 in Verbindung mit
  § 5 Abs. 1 Satz 1, Absatz 2, 3 Satz 1, Absatz 8 Satz 1, Absatz 10, 11, 12 Satz 1 oder Absatz 13,
  § 6 Satz 1,
  § 7 Abs. 1, 2 Satz 2 oder 3, Absatz 5 Satz 2, Absatz 6 Satz 1 oder 3, Absätze 7 bis 9, 11 oder 12,
  §§ 8, 10 Abs. 2 oder 3,
  § 11 Abs. 1, 5, 7, 10, 12 Satz 1,
  § 12 Abs. 3 oder 4 oder
  § 14,
- des § 16 in Verbindung mit
  § 17 Abs. 1 oder 4,
  § 18 Abs. 1 oder 2,
  § 19 Sätze 1 bis 3,
  § 20 Abs. 1, 2, 3, 5, 6 Satz 1 oder 2, Absatz 8 Satz 1, Absatz 9, 10 oder 11,
  § 21 Abs. 1 Satz 1 oder 3,
  §§ 22, 23, 24 Abs. 1, 2 Satz 2 oder Absatz 3,
  § 25 Abs. 1 Satz 1, Absatz 3, 4, 6, 7 oder 8,
  § 26 Abs. 1, 2, 3 Satz 1, Absatz 4,
  § 28 Abs. 2 oder 3,
  § 31 Abs. 1 Satz 3, Absatz 2 Satz 2, Absatz 3 oder 4 oder
  § 32

zuwiderhandelt.

VIII.
Übergangs- und Ausführungsbestimmungen

§ 35
Übergangs- und Ausführungsbestimmungen

Die Bestimmungen der §§ 4 bis 10 gelten nicht für Gebäude, die bei Unternehmen im Zuständigkeitsbereich

- der ehemaligen Berufsgenossenschaft der chemischen Industrie vor dem 1. Oktober 1993,
- der ehemaligen Bergbau-Berufsgenossenschaft, der ehemaligen Lederindustrie-Berufsgenossenschaft, der ehemaligen Papiermacher-Berufsgenossenschaft, der ehemaligen Steinbruchs-Berufsgenossenschaft oder der ehemaligen Zucker-Berufsgenossenschaft vor dem Inkrafttreten dieser Unfallverhütungsvorschriftt

errichtet waren.

IX.
Inkrafttreten

§ 36
Inkrafttreten

Diese Unfallverhütungsvorschrift tritt am 1. Januar 2011 in Kraft. Gleichzeitig tritt die Unfallverhütungsvorschrift „Organische Peroxide“ (BGV B4) der Berufsgenossenschaft der chemischen Industrie vom 1. Oktober 1993 in der Fassung vom 1. Januar 1997 außer Kraft.

Red. Hinweis: Die Anhänge 1 bis 5 sind an dieser Stelle nicht wiedergegeben.

DGUV Vorschrift 25 – Überfallprävention

vom August 2020

– Auszug –

I
Geltungsbereich und Begriffsbestimmungen

§ 1
Geltungsbereich

(1) Diese Unfallverhütungsvorschrift gilt für

a. Kredit-, Finanzdienstleistungs- und Zahlungsinstitute,
b. Spielstätten,
c. Verkaufsstellen sowie
d. Kassen und Zahlstellen der öffentlichen Hand,

in denen Versicherte

- Umgang mit Bargeld,
- Umgang mit sonstigen Zahlungsmitteln oder
- Zugriff auf Wertsachen haben.

(2) Soweit in den nachfolgenden Paragrafen nicht abweichend bestimmt, richten sich diese sowohl an Unternehmer als auch an Versicherte.

§ 2
Begriffsbestimmungen

Im Sinne dieser Unfallverhütungsvorschrift

a. sind **Kredit-, Finanzdienstleistungs- und Zahlungsinstitute** Unternehmen, die Bankgeschäfte gewerbsmäßig betreiben. Dazu gehören auch Unternehmen, welche Ein- und Auszahlungen von Geldbeträgen als Transferdienstleistung ohne kontenmäßige Beziehung erbringen.
b. sind **Spielstätten** Spielbanken, Spielhallen, Wettbüros oder ähnliche Unternehmen, die ausschließlich oder überwiegend der gewerbsmäßigen Aufstellung von Geldspielgeräten sowie der Veranstaltung anderer Glücksspiele oder der Annahme von Wetten dienen.
c. sind **Verkaufsstellen** Einrichtungen des Groß- und Einzelhandels.
d. sind **Kassen und Zahlstellen der öffentlichen Hand** Einrichtungen des Bundes, der Länder, der Gemeinden und Gemeindeverbände.
e. umfasst **Umgang** die Ausgabe, die Annahme, das Verwahren, das Bearbeiten und das Transportieren von Bargeld oder sonstigen Zahlungsmitteln.
f. umfasst **Bargeld** Banknoten und Münzen.
g. sind **sonstige Zahlungsmittel** Werte, die wie Bargeld zur Zahlung eingesetzt werden können.
h. sind **Wertsachen** Waren von hohem materiellen Wert oder solche, von denen erfahrungsgemäß ein Anreiz zu Überfällen ausgeht.
i. umfasst die **Ausgabe** von Banknoten auch das Vorzählen.
j. umfasst die **Annahme** von Banknoten auch das Nachzählen und Prüfen der übergebenen Banknoten.
k. sind Banknoten **verwahrt**, wenn sie in Wertbehältnissen, Wertschutzschränken oder Wertschutzräumen gesichert sind.
l. umfasst die **Bearbeitung** von Banknoten die Bestandsprüfung, das Sortieren, das Verpacken und das Vorbereiten für den Transport.
m. ist der **Transport** von Banknoten ausschließlich der nicht gewerbsmäßige Transport in öffentlich zugänglichen Bereichen. Er ist gewerbsmäßig, wenn der Unternehmer diesen gegenüber Dritten als Haupt- oder als eigenständige Leistung erbringt.
n. sind Banknoten **griffbereit**, wenn auf sie ohne zeitliche Verzögerung zugegriffen werden kann.
o. umfasst die **Versorgung von Automaten** das Befüllen von

Automaten mit Banknoten und das Entnehmen von Banknoten aus Automaten.

p. sind **öffentlich zugänglich** solche Bereiche, die ohne besondere Hilfsmittel betretbar sind.

q. sind **Sicherheitseinrichtungen** alle Einrichtungen zur Alarmierung, zur Sicherung von Werten mit zugriffsverhindernden oder zeitverzögernden Funktionen sowie Einrichtungen zur Aufzeichnung von Überfällen.

II
Grundpflichten

§ 3
Allgemeine Grundsätze

(1) Der Unternehmer hat zum Schutz der Versicherten den Umgang mit Bargeld oder sonstigen Zahlungsmitteln oder Zugriff auf Wertsachen so zu gestalten, dass der Anreiz zu Überfällen nachhaltig verringert wird.

(2) Kommt es dennoch zu einem Überfall, hat der Schutz von Leben und Gesundheit Vorrang vor dem Schutz von Werten.

§ 4
Beurteilung der Arbeitsbedingungen zur Prävention von Überfällen

Haben Versicherte Umgang mit Bargeld oder sonstigen Zahlungsmitteln oder Zugriff auf Wertsachen, hat der Unternehmer in seiner Beurteilung der Arbeitsbedingungen insbesondere die Gefährdung durch einen Überfall zu berücksichtigen.

§ 5
Gestaltung der Betriebsstätte

(1) Der Unternehmer hat die Betriebsstätte so zu gestalten, dass der Anreiz zu Überfällen nachhaltig verringert wird.

(2) Der Unternehmer hat die Arbeitsplätze, an denen Versicherte Banknoten annehmen oder ausgeben, so zu gestalten, dass Täter von Versicherten frühzeitig wahrgenommen werden können.

(3) Der Unternehmer hat die Betriebsstätte so zu gestalten, dass die Einsichtnahme auf Banknotenbestände durch Unberechtigte weitestgehend verhindert wird.

§ 6
Alarmierung

(1) Der Unternehmer hat den Versicherten, die Umgang mit Banknoten haben, für ihre Tätigkeit geeignete Alarmierungsmöglichkeiten, mindestens ein Telefon zur Verfügung zu stellen, über die sie eine hilfebringende Stelle unmittelbar erreichen können.

(2) Der Unternehmer hat sicherzustellen, dass die hilfebringende Stelle bei einem Überfall unverzüglich angemessen reagieren und sachgerechte Hilfemaßnahmen einleiten kann.

§ 7
Aufzeichnung von Überfällen

(1) Um den Anreiz zu Überfällen nachhaltig zu verringern, hat der Unternehmer in öffentlich zugänglichen Bereichen von Betriebsstätten, in denen Versicherte Banknoten ausgeben oder annehmen, durch den Einsatz erkennbarer Kameras sicherzustellen, dass Bildaufzeichnungen von Überfällen erstellt werden.

Dazu hat er abzuwägen, ob die Bildaufzeichnung unter Berücksichtigung der hiermit in Zusammenhang stehenden berechtigten Interessen aller betroffenen Personen auch verhältnismäßig ist.

Wenn der Einsatz der Kameras und die damit verbundene Verarbeitung der erhobenen personenbezogenen Daten nicht verhältnismäßig ist, sind andere technische oder organisatorische Maßnahmen zu treffen, die geeignet sind, Täter von einem Überfall abzuhalten.

(2) Die aufgezeichneten Bilddaten müssen gegen unberechtigten Zugriff gesichert sein. Nach einem Überfall ist ein berechtigter Zugriff auf die aufgezeichneten Bilddaten zeitnah sicherzustellen.

Bilddaten dürfen nur so lange gespeichert werden, wie es der zulässige Zweck ihrer Verarbeitung erfordert. Die in anderen Rechtsvorschriften enthaltenen Bestimmungen zum Schutz von Personen bei der Verarbeitung personenbezogener Daten bleiben unberührt.

(3) Die aufgezeichneten Bilddaten müssen Täter und die wesentlichen Phasen des Überfalls deutlich wiedergeben.

(4) Auf den Einsatz von Einrichtungen zur Bildaufzeichnung kann abweichend von Absatz 1 verzichtet werden, wenn der Unternehmer andere technische oder organisatorische Maßnahmen trifft, die ebenso geeignet sind, Täter von einem Überfall abzuhalten.

§ 8
Betriebsanweisungen

(1) Der Unternehmer hat auf Grundlage der Beurteilung der Arbeitsbedingungen in Betriebsanweisungen

a. den Umgang mit Banknoten,
b. den Umgang mit Mängeln und Störungen an Sicherheitseinrichtungen sowie
c. das Verhalten der Versicherten bei Überfällen

schriftlich festzulegen und den Versicherten in geeigneter Weise zur Verfügung zu stellen.

(2) Versicherte haben die Betriebsanweisungen nach Absatz 1 zu befolgen und Sicherheitseinrichtungen bestimmungsgemäß zu benutzen.

§ 9
Unterweisung

(1) Der Unternehmer hat die Versicherten, die Umgang mit Banknoten haben oder von einem Überfall betroffen sein können, auf Grundlage der Beurteilung der Arbeitsbedingungen und unter Berücksichtigung der Betriebsanweisungen nach § 8 Absatz 1 vor Aufnahme der Tätigkeit und mindestens halbjährlich sowie bei Bedarf zu unterweisen.

(2) Der Unternehmer hat die Unterweisung zu dokumentieren.

III
Umgang mit Bargeld

§ 10
Ausgabe von Banknoten

(1) Der Unternehmer hat die Ausgabe von Banknoten so zu gestalten, dass diese ohne Mitwirkung von Versicherten über automatisierte Systeme erfolgt.

(2) Abweichend von Absatz 1 können Banknoten durch Versicherte ausgegeben werden, wenn diese bereitgehaltenen Banknotenbestände durch geeignete technische oder bauliche Einrichtungen gesichert sind. Zusätzlich hat der Unternehmer geeignete organisatorische Schutzmaßnahmen vorzusehen.

§ 11
Annahme von Banknoten

(1) Von Versicherten angenommene Banknoten sind unverzüglich vor dem Zugriff Unberechtigter zu sichern.

(2) Der Unternehmer hat zur Sicherung angenommener Banknoten geeignete Einrichtungen zur Verfügung zu stellen.

§ 12
Verwahrung von Banknoten

(1) Der Unternehmer hat sicherzustellen, dass alle Banknotenbestände verwahrt werden.

(2) Wertbehältnisse zur Verwahrung von Banknoten müssen einen ausreichenden Widerstand gegen Aufbruch bieten und gegen einfache Wegnahme gesichert sein.

(3) Der Zugriff auf verwahrte Banknotenbestände muss für Berechtigte, die regelmäßig in der Betriebsstätte anwesend sind, zeitverzögert sein. Die Zeitverzögerungen dürfen nur von dazu Berechtigten verändert werden können.

(4) Abweichend von Absatz 1 dürfen Banknoten griffbereit gehalten werden, wenn diese durch geeignete technische oder bauliche Einrichtungen gesichert und geeignete organisatorische Maßnahmen getroffen sind.

§ 13
Versorgung von Automaten mit Banknoten

(1) Die Versorgung von Automaten mit Banknoten durch Berechtigte ist so zu gestalten, dass sie in nicht öffentlich zugänglichen Bereichen erfolgt. Der Einblick in diesen Versorgungsbereich ist weitestgehend zu verhindern.

(2) Abweichend von Absatz 1 Satz 1 können Automaten mit Banknoten in öffentlich zugänglichen Bereichen durch Berechtigte versorgt werden, wenn der Unternehmer dafür geeignete technische oder organisatorische Maßnahmen getroffen hat.

§ 14
Bearbeitung von Banknoten

(1) Banknoten dürfen nur von Berechtigten bearbeitet werden.

(2) Der Unternehmer hat sicherzustellen, dass Bereiche, in denen Banknoten bearbeitet werden, nicht öffentlich zugänglich sind und über einen ausreichenden Widerstand gegen unberechtigtes Eindringen verfügen.

(3) Die Bearbeitung von Banknoten darf von öffentlich zugänglichen Bereichen aus nicht erkennbar sein.

(4) Abweichend von den Absätzen 2 und 3 können auch an anderen Arbeitsplätzen Banknoten bearbeitet werden, wenn dies unregelmäßig und kurzzeitig erfolgt.

§ 15
Transport von Banknoten

(1) Der Transport von Banknoten muss so gestaltet sein, dass er für Außenstehende im Ablauf, in der Abwicklung und hinsichtlich sonstiger Umstände nicht als solcher erkennbar ist.

(2) Kann der Transport von Banknoten nur so gestaltet werden, dass er für Außenstehende erkennbar ist, hat der Unternehmer abweichend von Absatz 1 dafür zu sorgen, dass

a. eine geeignete Transportsicherung eingesetzt wird oder
b. die Transportzeit oder der Transportweg unregelmäßig geändert werden. Dabei ist der Transport durch eine zweite Person zu sichern.

(3) Setzt der Unternehmer für den Transport von Banknoten Versicherte ein, müssen diese mindestens 18 Jahre alt, geeignet und für diese Aufgabe besonders unterwiesen sein.

§ 16
Umgang mit Münzen

Ergibt sich aus der Beurteilung der Arbeitsbedingungen, dass vom Wert des Bestandes an Münzen ein Anreiz zum Überfall ausgeht, gelten beim Umgang mit diesen die Regelungen für den Umgang mit Banknoten entsprechend.

IV
Besondere Bestimmungen für sonstige Zahlungsmittel und Wertsachen

§ 17
Sonstige Zahlungsmittel

Ergibt sich aus der Beurteilung der Arbeitsbedingungen, dass vom Wert des Bestandes an sonstigen Zahlungsmitteln ein Anreiz zum Überfall ausgeht, gelten beim Umgang mit diesen die Regelungen für den Umgang mit Banknoten entsprechend.

§ 18
Wertsachen

Die Paragrafen 5 bis 9, 11, 12, 15 und 19 dieser DGUV Vorschrift gelten entsprechend für Wertsachen.

V
Sonstige Anforderungen

§ 19
Kennzeichnung

Der Unternehmer hat an Kundeneingängen sowie an Arbeitsplätzen in öffentlich zugänglichen Bereichen, an denen Banknoten ausgegeben, angenommen oder verwahrt werden, dauerhaft, deutlich erkennbar sowie leicht verständlich auf zugriffsverhindernde und zeitverzögernde Einrichtungen hinzuweisen.

§ 20
Betreuung von Überfallbetroffenen

(1) Der Unternehmer hat im Rahmen seiner Notfallplanung festzulegen, welche Maßnahmen unmittelbar nach einem Überfall zu ergreifen sind. Dazu gehört die angemessene Betreuung der Versicherten, die von einem Überfall betroffen waren.

(2) Der Unternehmer hat einen Überfall unverzüglich dem zuständigen Unfallversicherungsträger mitzuteilen.

§ 21
Instandhaltung und Prüfung von Sicherheitseinrichtungen

(1) Der Unternehmer hat die regelmäßige Wartung, Inspektion und Instandsetzung von Sicherheitseinrichtungen sicherzustellen und zu dokumentieren.

(2) Der Unternehmer hat sicherzustellen, dass Sicherheitseinrichtungen in regelmäßigen Zeitabständen auf ihre Funktionsfähigkeit geprüft werden. Die Zeitabstände für die Prüfung sind so zu bemessen, dass entstehende Mängel, mit denen gerechnet werden muss, rechtzeitig festgestellt werden.

(3) Der Unternehmer hat die Prüfung der Funktionsfähigkeit der Bildaufzeichnungen sowie der Alarmierungsmöglichkeiten gemäß Absatz 2 zu dokumentieren.

§ 22
Umgang mit Mängeln und Störungen

(1) Der Unternehmer hat dafür zu sorgen, dass Mängel oder Störungen an Sicherheitseinrichtungen unverzüglich beseitigt werden.

(2) Solange Mängel oder Störungen an Sicherheitseinrichtungen nicht beseitigt sind, kann der Betrieb nur dann aufrechterhalten werden, wenn diese durch geeignete Maßnahmen so kompensiert werden, dass es zu keiner Erhöhung der Gefährdung kommt.

VI
Ordnungswidrigkeiten

§ 23
Ordnungswidrigkeiten

Ordnungswidrig im Sinne des § 209 Abs. 1 Nr. 1 Siebtes Buch Sozialgesetzbuch (SGB VII) handelt, wer als Unternehmer vorsätzlich oder fahrlässig

1. entgegen § 4 in seiner Beurteilung der Arbeitsbedingungen insbesondere die Gefährdung durch einen Überfall nicht berücksichtigt hat,
2. entgegen § 6 Abs. 1 kein Telefon zur Verfügung stellt,
3. entgegen § 8 Abs. 1 den Umgang mit Banknoten, den Umgang mit Mängeln und Störungen an Sicherheitseinrichtungen oder das Verhalten der Versicherten bei Überfällen nicht in Betriebsanweisungen schriftlich festlegt und den Versicherten zur Verfügung stellt,
4. entgegen § 9 Abs. 1 Versicherte nicht oder nicht entsprechend den Maßgaben des § 9 Abs. 1 unterweist,
5. entgegen § 15 Abs. 2
   a. den Transport nicht mit geeigneten Transportsicherungen durchführt oder
   b. für den Transport nicht unregelmäßig Transportzeit oder Transportweg ändert und diesen nicht durch eine zweite Person sichern lässt,
6. entgegen § 15 Abs. 3 Versicherte einsetzt, die unter 18 Jahre alt, nicht geeignet oder für diese Aufgabe nicht besonders unterwiesen sind,
7. entgegen § 19 an Kundeneingängen sowie an Arbeitsplätzen in öffentlich zugänglichen Bereichen nicht dauerhaft und deutlich erkennbar sowie leicht verständlich auf zugriffsverhindernde und zeitverzögernde Einrichtungen hinweist,
8. entgegen § 20 Abs. 1 keine Maßnahmen festlegt, die unmittelbar

nach einem Überfall zu ergreifen sind,
9. entgegen § 20 Abs. 2 den Überfall nicht unverzüglich dem zuständigen Unfallversicherungsträger anzeigt,
10. entgegen § 21 Abs. 1 die regelmäßige Wartung, Inspektion und Instandsetzung von Sicherheitseinrichtungen nicht sicherstellt oder nicht dokumentiert,
11. entgegen § 21 Abs. 2 Sicherheitseinrichtungen nicht in regelmäßigen Zeitabständen auf ihre Funktionsfähigkeit prüft,
12. entgegen § 21 Abs. 3 die Prüfung der Funktionsfähigkeit der Bildaufzeichnungen sowie der Alarmierungsmöglichkeiten nicht dokumentiert,
13. entgegen § 22 Abs. 1 nicht dafür sorgt, dass Mängel oder Störungen an Sicherheitseinrichtungen unverzüglich beseitigt werden.

VII
Außerkraftsetzung und Übergangsbestimmungen

§ 24
Außerkraftsetzung von Unfallverhütungsvorschriften

...

§ 25
Übergangsbestimmungen

Für die vom Geltungsbereich nach § 1 Absatz 1 Buchstaben c. und d. dieser Vorschrift erfassten Unternehmen, deren Betriebsstätten zum Zeitpunkt des Inkrafttretens dieser Vorschrift bereits errichtet waren oder mit deren Errichtung vor diesem Zeitpunkt bereits begonnen worden war, finden

1. § 5 Absatz 2 und 3,
2. § 12 Absatz 2 und 3,
3. § 14 Absatz 2 und
4. § 18, soweit darin die entsprechende Geltung der in Nummern 1 bis 4 genannten Paragrafen angeordnet ist,

erst ab dem 01. . . . . . . 20 . . . . . Anwendung, wenn die darin verlangten Anforderungen umfangreiche Änderungen der Betriebsstätte, ihrer Einrichtungen, der Arbeitsverfahren oder Arbeitsabläufe erforderlich machen. Soweit diese Betriebsstätten oder ihre Einrichtungen vor diesem Zeitpunkt wesentlich erweitert oder umgebaut oder die Arbeitsverfahren oder Arbeitsabläufe wesentlich umgestaltet werden, hat der Unternehmer ab diesem Zeitpunkt die Anforderungen aus den Nummern 1 bis 4 zu erfüllen.

VIII
Inkrafttreten

§ 26
Inkrafttreten

...

DGUV Vorschrift 49 – Feuerwehren

vom Juni 2018

I.
Geltungsbereich und Begriffsbestimmungen

§ 1
Geltungsbereich

Diese Unfallverhütungsvorschrift gilt für Unternehmerinnen und Unternehmer, die Trägerin oder Träger öffentlicher freiwilliger Feuerwehren oder öffentlicher Pflichtfeuerwehren sind, sowie Versicherte im ehrenamtlichen Feuerwehrdienst, einschließlich der Nutzung von Feuerwehreinrichtungen, die für diese Versicherten bestimmt sind.

§ 2
Begriffsbestimmungen

Im Geltungsbereich gemäß § 1 dieser Unfallverhütungsvorschrift sind:

1. Feuerwehren
   Einheiten, die nach bundes- oder landesrechtlichen Bestimmungen als öffentliche freiwillige Feuerwehren oder öffentliche Pflichtfeuerwehren aufgestellt sind
2. Bauliche Anlagen
   Feuerwehrhäuser und ihre Außenanlagen, Werkstätten sowie Ausbildungs- und Übungsanlagen für die in Ziffer 1 genannten Feuerwehren
3. Feuerwehrfahrzeuge
   landgebundene Fahrzeuge, Anhänger, Abroll- und Absetzbehälter, Wasser- und Luftfahrzeuge der in Ziffer 1 genannten Feuerwehren
4. Feuerwehreinrichtungen
   alle für den Feuerwehrdienst in den in Ziffer 1 genannten Feuerwehren eingesetzten sächlichen Mittel, insbesondere bauliche Anlagen, Feuerwehrfahrzeuge, Geräte und Ausrüstungen, ausgenommen Hilfs- und Betriebsstoffe
5. Feuerwehrangehörige
   Personen, die Angehörige einer in Ziffer 1 genannten Feuerwehr nach bundes- oder landesrechtlichen Bestimmungen sind
6. Einsatzbedingungen
   Umstände, denen Feuerwehrangehörige bei einem Einsatz ausgesetzt sind Sie sind in der Regel dadurch gekennzeichnet, dass in höchster Eile Menschenleben zu retten oder schwere gesundheitliche Schäden, eine Gefahr für die öffentliche Sicherheit oder Ordnung abzuwenden, Tiere zu retten oder bedeutende Sachwerte zu erhalten sind und erhöhte physische und psychische Belastungen vorliegen.
7. Feuerwehrdienst
   Tätigkeiten der Feuerwehrangehörigen, insbesondere bei Ausbildung, Übung und Einsatz
8. Einsatzort
   Stelle, an der die Feuerwehr dienstlich tätig wird
9. Unternehmerin oder Unternehmer Trägerin oder Träger einer in Ziffer 1 genannten Feuerwehr nach bundes- oder landesrechtlichen Vorschriften

II.
Organisation von Sicherheit und Gesundheitsschutz

§ 3
Verantwortung

(1) Die Unternehmerin oder der Unternehmer ist für die Sicherheit und den Gesundheitsschutz der im Feuerwehrdienst Tätigen verantwortlich. Sie oder er hat für eine geeignete Organisation zu sorgen und dabei die besonderen Strukturen und Anforderungen der Feuerwehr zu berücksichtigen.

(2) Überträgt die Unternehmerin oder der Unternehmer ihnen obliegende Aufgaben und Pflichten an Feuerwehrangehörige, so hat die Unternehmerin bzw. der Unternehmer in besonderem Maße der Auswahl-, Aufsichts-, Kontroll- und

Organisationsverantwortung nachzukommen.

(3) Feuerwehrangehörige denen Führungsaufgaben obliegen, haben für die Sicherheit und den Gesundheitsschutz der ihnen unterstellten Feuerwehrangehörigen zu sorgen.

(4) Von § 2 Absatz 1 Satz 2 und 3 DGUV Vorschrift 1 „Grundsätze der Prävention" kann unter Einhaltung der DGUV Vorschrift 49 „Feuerwehren" abgewichen werden, soweit dies angesichts der besonderen Strukturen und der gesetzlichen Aufgaben der Feuerwehr erforderlich ist.

§ 4
Gefährdungsbeurteilung

Die Unternehmerin oder der Unternehmer hat Gefährdungen im Feuerwehrdienst zu ermitteln und erforderliche Maßnahmen für Sicherheit und Gesundheitsschutz für alle Feuerwehrangehörigen zu treffen. Diese Maßnahmen sind insbesondere aus dem feuerwehrspezifischen Regelwerk abzuleiten.

§ 5
Sicherheitstechnische und medizinische Beratung

Die Unternehmerin oder der Unternehmer hat sich erforderlichenfalls zur Wahrnehmung ihrer bzw. seiner Pflichten zur Gewährleistung von Sicherheit und Gesundheitsschutz sicherheitstechnisch und medizinisch beraten zu lassen.

§ 6
Persönliche Anforderungen und Eignung

(1) Die Unternehmerin oder der Unternehmer darf Feuerwehrangehörige nur für Tätigkeiten einsetzen, für die sie körperlich und geistig geeignet sowie fachlich befähigt sind. Bestehen konkrete Anhaltspunkte, aus denen sich Zweifel an der körperlichen oder geistigen Eignung von Feuerwehrangehörigen für die vorgesehene Tätigkeit ergeben, so hat sich die Unternehmerin bzw. der Unternehmer die Eignung ärztlich bestätigen zu lassen.

(2) Feuerwehrangehörige, die unter Einsatzbedingungen – insbesondere bei Gefahren für Leib oder Leben Dritter – im Feuerwehrdienst eingesetzt werden, müssen ihnen bekannte aktuelle oder dauerhafte Einschränkungen ihrer gesundheitlichen Eignung der Unternehmerin oder dem Unternehmer bzw. der zuständigen Führungskraft unverzüglich und eigenverantwortlich melden.

(3) Für die Tätigkeiten, die besondere Anforderungen an die körperliche Eignung von Feuerwehrangehörigen stellen, muss sich die Unternehmerin oder der Unternehmer deren Eignung durch Eignungsuntersuchungen vor Aufnahme der Tätigkeit und in regelmäßigen Abständen ärztlich bescheinigen lassen. Dies gilt für Tätigkeiten unter Atemschutz und als Taucherin bzw. Taucher gemäß Anlage 1. Absatz 1 bleibt unberührt.

(4) Die Unternehmerin oder der Unternehmer hat der Ärztin bzw. dem Arzt vor Untersuchungen nach Absatz 1 Satz 2 oder Absatz 3 mitzuteilen, für welche Tätigkeiten unter welchen Bedingungen der oder die betreffende Feuerwehrangehörige vorgesehen ist.

(5) Untersuchungen nach Absatz 1 Satz 2 und Absatz 3 sind von hierfür geeigneten Ärztinnen oder Ärzten durchführen zu lassen. Für den Umfang der Untersuchungen sind die vorgesehene Tätigkeit und die dabei bestehenden Bedingungen sowie im Fall von Absatz 1 Satz 2 die konkreten Anhaltspunkte maßgebend. Der anerkannte Stand der medizinischen Erkenntnisse ist zu beachten.

(6) Die Unternehmerin oder der Unternehmer hat die Eignungsuntersuchungen zu veranlassen und deren Kosten zu tragen.

§ 7
Arbeitsmedizinische Vorsorge

(1) Abweichend von § 2 Absatz 1 DGUV Vorschrift 1 „Grundsätze der Prävention" in Verbindung mit der „Verordnung zur arbeitsmedizinischen Vorsorge" kann bei Feuerwehrangehörigen

arbeitsmedizinische Vorsorge wegen des Tragens von Atemschutzgeräten oder wegen Taucharbeiten gemeinsam mit Eignungsuntersuchungen im Sinne des § 6 Absatz 3 durch vom Unternehmer oder von der Unternehmerin damit beauftragte geeignete Ärzte bzw. Ärztinnen (§ 6 Absatz 5) durchgeführt werden.

(2) Im Übrigen bleiben die Regelungen der „Verordnung zur arbeitsmedizinischen Vorsorge" unberührt.

§ 8
Unterweisung

(1) Die Feuerwehrangehörigen sind im Rahmen der Aus- und Fortbildung über die möglichen Gefahren und Fehlbeanspruchungen im Feuerwehrdienst sowie über die Maßnahmen zur Verhütung von Unfällen und Gesundheitsgefahren regelmäßig zu unterweisen. Die Unterweisung ist zu dokumentieren.

(2) Feuerwehrangehörige sind regelmäßig über die Inanspruchnahme von Sonderrechten im Straßenverkehr zu unterweisen.

§ 9
Erste Hilfe

Die Unternehmerin oder der Unternehmer kann abweichend von § 26 Absatz 2 DGUV Vorschrift 1 „Grundsätze der Prävention" in Feuerwehren auch Ersthelferinnen oder Ersthelfer einsetzen, die nach landesrechtlichen Bestimmungen oder – sofern das Landesrecht keine entsprechenden Ausbildungsvorgaben enthält – nach feuerwehrspezifischem Regelwerk in Erster Hilfe ausgebildet worden sind und regelmäßig fortgebildet werden.

§ 10
Instandhaltung

Feuerwehreinrichtungen sind in Stand zu halten. Die Unternehmerin bzw. der Unternehmer hat dafür zu sorgen, dass schadhafte Ausrüstungen, Geräte und Feuerwehrfahrzeuge unverzüglich der Benutzung entzogen werden, wenn die Schadhaftigkeit die Sicherheit oder Gesundheit von Feuerwehrangehörigen gefährden könnte.

§ 11
Prüfungen

(1) Die Unternehmerin bzw. der Unternehmer hat zu veranlassen, dass Ausrüstungen, Geräte und persönliche Schutzausrüstungen nach jeder Benutzung einer Sichtprüfung unterzogen werden.

(2) Ausrüstungen, Geräte, Prüfgeräte, Prüfeinrichtungen und persönliche Schutzausrüstungen sind – ergänzend zu den Sichtprüfungen gemäß Absatz 1 – regelmäßig durch befähigte Personen zu prüfen. Das Ergebnis dieser Prüfungen ist zu dokumentieren.

(3) Die Unternehmerin oder der Unternehmer hat Ausrüstungen, Geräte und persönliche Schutzausrüstungen einer außerordentlichen Prüfung durch befähigte Personen zu unterziehen, wenn außergewöhnliche Ereignisse stattgefunden haben, die schädigende Auswirkungen haben können oder z. B. eine Sichtprüfung Schäden, Mängel oder mögliche Einschränkungen der Schutzfunktion ergeben hat.

(4) Werden Schäden oder Mängel festgestellt, die die Sicherheit oder Gesundheit von Feuerwehrangehörigen gefährden könnten, oder bestehen Zweifel an ihrer Funktionsfähigkeit, so sind die Ausrüstungen, Geräte sowie die persönlichen Schutzausrüstungen unverzüglich der Benutzung zu entziehen und erforderlichenfalls einer Instandsetzung zuzuführen.

(5) Stellt eine Feuerwehrangehörige oder ein Feuerwehrangehöriger Schäden oder Mängel an Ausrüstungen, Feuerwehrfahrzeugen, Geräten oder persönlichen Schutzausrüstungen fest oder zweifelt an deren Funktionsfähigkeit, hat sie oder er dies unverzüglich der zuständigen Führungskraft zu melden.

III.
Feuerwehreinrichtungen

§ 12
Bauliche Anlagen

(1) Die Unternehmerin oder der Unternehmer ist dafür verantwortlich, dass

bauliche Anlagen so eingerichtet sind und betrieben werden, dass insbesondere unter Einsatzbedingungen Gefährdungen von Feuerwehrangehörigen vermieden werden sowie Feuerwehreinrichtungen und persönliche Schutzausrüstung sicher untergebracht, bewegt oder entnommen werden können.

(2) Übungsanlagen und Übungsflächen müssen so gestaltet sein, dass ein sicherer Betrieb und eine schnelle Rettung von Feuerwehrangehörigen gewährleistet sind.

(3) Bauliche Anlagen müssen so gestaltet und eingerichtet sein, dass eine Gefährdung insbesondere durch Schadstoffe von der Einsatzstelle und eine Kontaminationsverschleppung vermieden ist.

§ 13
Geräte, Ausrüstungen und Feuerwehrfahrzeuge

(1) Geräte und Ausrüstungen müssen so ausgewählt werden und ausgerüstet sein, dass insbesondere unter Einsatzbedingungen Gefährdungen von Feuerwehrangehörigen beim Be- und Entladen, Tragen, Handhaben sowie Betreiben vermieden werden.

(2) Leitern und Hubrettungsgeräte müssen so ausgewählt werden und ausgerüstet sein, dass insbesondere unter Einsatzbedingungen deren sicherer Gebrauch sowie deren Standfestigkeit und Tragfähigkeit gewährleistet sind.

(3) Maschinell betriebene Leitern und Hubrettungsgeräte müssen so ausgewählt werden und ausgerüstet sein, dass der Hubrettungssatz/die Hubeinrichtung auch bei ausgeschaltetem Antrieb sicher in jeder Stellung gehalten werden kann. Zusätzlich zum Bedienstand im Rettungskorb muss am Fahrzeug ein Hauptsteuerstand mit Vorrangschaltung vorhanden sein. Not- und Gefahrensituationen im Korb müssen vom Hauptsteuerstand aus jederzeit wahrnehmbar sein. Der Korb muss von dort aus in einen sicheren Bereich gefahren werden können. Eine schnelle Rettung der auf dem Hubrettungsgerät befindlichen Personen muss möglich sein.

(4) Die im Einsatz- und Übungsdienst verwendeten elektrischen Anlagen und Betriebsmittel müssen so ausgewählt werden und ausgerüstet sein, dass elektrische Gefährdungen bei den dort zu erwartenden Bedingungen für Feuerwehrangehörige vermieden sind.

(5) Feuerwehrfahrzeuge müssen so ausgewählt werden und ausgerüstet sein, dass beim Verladen, Transport und Entladen der Geräte Gefährdungen für Feuerwehrangehörige, insbesondere unter Einsatzbedingungen, vermieden werden.

(6) Kleinboote für die Feuerwehr müssen auch in vollgeschlagenem Zustand schwimmfähig und so ausgewählt werden und ausgerüstet sein, dass Gefährdungen von Feuerwehrangehörigen vermieden werden.

(7) Feuerwehrfahrzeuge müssen so ausgewählt werden und ausgerüstet sein, dass deren Aufstiege, Tritte, Haltegriffe, Bedienstände sowie begehbare Flächen und Standplätze ein sicheres Ein- und Aussteigen, Begehen und Tätigwerden, insbesondere unter Einsatzbedingungen, ermöglichen.

§ 14
Persönliche Schutzausrüstungen

(1) Zum Schutz vor den Gefährdungen bei Ausbildung, Übung und Einsatz müssen geeignete persönliche Schutzausrüstungen ausgewählt und zur Verfügung gestellt werden.

Zur Mindestausstattung gehören:

- Feuerwehrschutzkleidung
- Feuerwehrhelm mit Nackenschutz
- Feuerwehrschutzhandschuhe
- Feuerwehrschutzschuhe

(2) Bei besonderen Gefahren müssen zusätzlich spezielle persönliche Schutzausrüstungen in ausreichender Anzahl vorhanden sein, die in Art und Anzahl auf diese Gefahren abgestimmt sind.

IV. Betrieb

§ 15 Verhalten im Feuerwehrdienst

(1) Im Feuerwehrdienst dürfen nur Maßnahmen getroffen werden, die ein sicheres Tätigwerden der Feuerwehrangehörigen ermöglichen. Dabei müssen insbesondere bei Einsätzen und Übungen sich ändernde Bedingungen berücksichtigt werden. Im Einzelfall kann bei Einsätzen unter Beachtung des Eigenschutzes zur Rettung von Personen aus Lebensgefahr von den Bestimmungen der Unfallverhütungsvorschriften abgewichen werden.

(2) Kontaminationen der Feuerwehrangehörigen sind durch geeignete Schutzmaßnahmen zu vermeiden.

(3) Feuerwehrangehörige, die am Einsatzort durch den Straßenverkehr gefährdet sind, müssen hiergegen durch geeignete Maßnahmen geschützt werden.

§ 16 Benutzung persönlicher Schutzausrüstungen

Die persönlichen Schutzausrüstungen sind nach den zu erwartenden Gefährdungen zu bestimmen und zu benutzen.

§ 17 Kinder und Jugendliche in der Feuerwehr

(1) Kinder und Jugendliche sind als Feuerwehrangehörige geeignet zu betreuen und zu beaufsichtigen. Ihr körperlicher und geistiger Entwicklungsstand sowie der Ausbildungsstand sind beim Feuerwehrdienst zu berücksichtigen.

(2) Die Unternehmerin bzw. der Unternehmer hat dafür zu sorgen, dass Kinder und Jugendliche als Feuerwehrangehörige am Dienst der aktiven Feuerwehrangehörigen nur nach landesrechtlichen Bestimmungen und nur außerhalb des Gefahrenbereichs unter Aufsicht erfahrener Feuerwehrangehöriger mitwirken.

(3) Die Unternehmerin bzw. der Unternehmer hat dafür zu sorgen, dass Kinder und Jugendliche als Feuerwehrangehörige an Feuerwehreinsätzen nicht teilnehmen. Abweichende landesrechtliche Regelungen hinsichtlich des Einsatzes von jugendlichen Feuerwehrangehörigen bleiben hiervon unberührt.

§ 18 Wasserförderung

Schläuche und wasserführende Armaturen sind so zu benutzen, dass Feuerwehrangehörige beim Umgang mit diesen sowie durch den Wasserstrahl nicht gefährdet werden.

§ 19 Betrieb von Feuerwehrfahrzeugen

(1) Beim Betrieb von Feuerwehrfahrzeugen dürfen Feuerwehrangehörige nicht gefährdet werden.

(2) Feuerwehrfahrzeuge dürfen nur von Personen ab dem vollendeten 18. Lebensjahr geführt werden, die ihre Befähigung hierzu gegenüber der Unternehmerin oder dem Unternehmer nachgewiesen haben, im Umgang mit diesen unterwiesen sind, und dafür bestimmt wurden.

(3) Feuerwehrangehörige sind regelmäßig besonders zu unterweisen, wenn sie Feuerwehrfahrzeuge unter Verwendung von blauem Blinklicht und Einsatzhorn führen.

§ 20 Rettungs- und Selbstrettungsübungen aus Höhen und Tiefen

(1) Rettungs- und Selbstrettungsübungen aus Höhen und Tiefen sind so durchzuführen, dass Feuerwehrangehörige nicht gefährdet werden.

(2) Bei Ausbildung, Übungen und Vorführungen sind Sprungrettungsgeräte so zu handhaben sowie Fallkörper und -höhen so zu wählen, dass die Bedienmannschaft nicht gefährdet wird. Zu Ausbildungs-, Übungs- und Vorführzwecken darf nicht gesprungen werden.

§ 21
Hydraulisch betätigte Rettungsgeräte und Hebekissensysteme

(1) Hydraulisch betätigte Rettungsgeräte und Hebekissensysteme sind so einzusetzen, dass Feuerwehrangehörige nicht gefährdet werden. Dabei sind insbesondere Augen- und Gesichtsverletzungen zu vermeiden. Zu bewegende Lasten sind gegen unbeabsichtigte Lageveränderungen zu sichern.

(2) Befehlseinrichtungen von Hebekissensystemen sind so aufzustellen, dass die Bediener weder durch Tragmittel noch durch Lasten gefährdet werden.

(3) Hebekissensysteme sind so aufzustellen und zu benutzen, dass das System durch äußere Einwirkungen nicht beschädigt wird.

§ 22
Dienst an und auf Gewässern

Besteht die Gefahr, dass Feuerwehrangehörige ertrinken können, muss der Unternehmer oder die Unternehmerin dafür sorgen, dass die Feuerwehrangehörigen geeignete Auftriebsmittel tragen. Ist dies nicht möglich, ist auf andere Weise eine Sicherung herzustellen.

§ 23
Taucheinsatz

Taucherinnen oder Taucher der Feuerwehr dürfen nur zu solchen Taucheinsätzen herangezogen werden, für die sie ausgebildet und ausgestattet sind.

§ 24
Einsatz mit Atemschutzgeräten

(1) Können Feuerwehrangehörige durch Sauerstoffmangel oder durch Einatmen gesundheitsschädigender Stoffe gefährdet werden, müssen je nach der möglichen Gefährdung geeignete Atemschutzgeräte benutzt werden.

(2) Beim Einsatz mit von der Umgebungsatmosphäre unabhängigen Atemschutzgeräten ist dafür zu sorgen, dass eine Verbindung zwischen Atemschutzgeräteträgerin oder Atemschutzgeräteträger und Feuerwehrangehörigen, die sich im nicht gefährdeten Bereich aufhalten, sichergestellt ist.

(3) Ist die Rettung eingesetzter Atemschutzgeräteträgerinnen oder Atemschutzgeräteträger ohne Atemschutz nicht möglich, müssen Sicherheitstrupps in ausreichender Zahl zur sofortigen Rettung bereitstehen. Eine Überwachung der eingesetzten Atemschutzgeräteträgerinnen und Atemschutzgeräteträger ist sicherzustellen. Es sind geeignete Maßnahmen zur Notfallrettung vorzusehen.

§ 25
Einsturz- und Absturzgefahren

(1) Bei Objekten, deren Standsicherheit zweifelhaft ist, müssen zum Schutz der Feuerwehrangehörigen Sicherungsmaßnahmen getroffen werden.

(2) Besteht die Gefahr eines Absturzes, müssen zum Schutz der Feuerwehrangehörigen Sicherungsmaßnahmen hiergegen getroffen werden.

(3) Decken und Dächer, die für ein Begehen aus konstruktiven Gründen oder durch Brand und sonstige Einwirkungen nicht ausreichend tragfähig sind sowie sonstige Stellen mit Absturzgefahr dürfen nur betreten werden, wenn Sicherungsmaßnahmen gegen Durchbruch und Absturz getroffen sind.

§ 26
Gefährdung durch elektrischen Strom

(1) Feuerwehrangehörige dürfen nicht durch elektrischen Strom gefährdet werden.

(2) Muss im Ausnahmefall die Stromversorgung aus fremden elektrischen Netzen erfolgen, ist durch Verwendung einer Personenschutzeinrichtung sicherzustellen, dass keine Gefahren für Feuerwehrangehörige entstehen.

(3) Bei Einsätzen in elektrischen Anlagen und in deren Nähe sind Maßnahmen zu treffen, die verhindern, dass Feuerwehrangehörige durch elektrischen Strom gefährdet werden.

V.
Ordnungswidrigkeiten

§ 27
Ordnungswidrigkeiten

Ordnungswidrig im Sinne des § 209 Absatz 1 Nr. 1 Siebtes Buch Sozialgesetzbuch (SGB VII) handelt, wer vorsätzlich oder fahrlässig den Bestimmungen des

- § 6 Absatz 3 Satz 1 und 2,
- § 10 Satz 2,
- § 11 Absatz 2, 3 oder 4
- § 12 Absatz 1 oder 2,
- § 13,
- § 14 Absatz 1 oder 2,
- § 17 Absatz 2 oder 3,
- § 19 Absatz 2 i. V. m. § 6 Absatz 1 Satz 1,
- § 20 Absatz 2 Satz 2,
- § 21 Absatz 1 Satz 3,
- § 22,
- § 23 i. V. m. § 6 Absatz 1 Satz 1,
- § 24 Absatz 1,
- § 25 Absatz 2 oder 3 oder
- § 26 Absatz 2

zuwiderhandelt.

VI.
Übergangsregelungen

§ 28
Übergangsregelungen

(1) Soweit beim Inkrafttreten dieser Unfallverhütungsvorschrift Feuerwehreinrichtungen den Anforderungen dieser Unfallverhütungsvorschrift nicht entsprechen und durch diese keine Gefahr für die Gesundheit der Feuerwehrangehörigen zu erwarten ist, finden die Bestimmungen dieser Unfallverhütungsvorschrift keine Anwendung. Bei Nutzungsänderungen, wesentlichen Erweiterungen oder Umbauten von baulichen Anlagen und Feuerwehrfahrzeugen sind die Anforderungen der Unfallverhütungsvorschrift zu erfüllen.

(2) Unbeschadet des Absatzes 1 kann die Trägerin oder der Träger der gesetzlichen Unfallversicherung bestimmen, dass Feuerwehreinrichtungen entsprechend dieser Unfallverhütungsvorschrift geändert werden, wenn ohne die Änderung eine Gefahr für das Leben oder eine erhebliche Gefahr für die Gesundheit der Feuerwehrangehörigen zu befürchten ist.

VII.
Inkrafttreten, Außerkrafttreten von Unfallverhütungsvorschriften

§ 29
Inkrafttreten, Außerkrafttreten von Unfallverhütungsvorschriften

Diese Unfallverhütungsvorschrift tritt am .... in Kraft. Gleichzeitig treten die Vorschriften der Unfallverhütungsvorschrift „Feuerwehren“ vom .... in der Fassung vom ...... außer Kraft.

Anlage 1

Gefährdende Tätigkeit	Nachuntersuchungsfristen (in Monaten[1])
Tragen von Atemschutzgeräten[2]	
Personen bis 50 Jahre	36
Personen über 50 Jahre:	
Gerätegewicht bis 5 kg	24
Gerätegewicht über 5 kg	12
Tauchen (Feuerwehrtauchen)	12

[1] Die Nachuntersuchung ist jeweils vor Ablauf der in der Tabelle genannten 12, 24 oder 36 Monate berechnet ab dem Zeitpunkt der letzten Untersuchung durchzuführen.

[2] Regelmäßige Eignungsuntersuchungen (§ 6 Absatz 3) sind nicht erforderlich für das Tragen von Atemschutzgeräten:
- bis 3 kg Gewicht und ohne Atemwiderstand,
- bis 3 kg Gewicht und Atemwiderstand bis 5 mbar, wenn die Tragezeit weniger als 30 Minuten pro Tag beträgt,
- bis 5 kg Gewicht, wenn es sich um Fluchtgeräte oder Selbstretter handelt, die ausschließlich zur Flucht oder Selbstrettung getragen werden.

DGUV Vorschrift 68 – Flurförderzeuge

vom Januar 2011

I. Geltungsbereich

§ 1 Geltungsbereich

(1) Diese Unfallverhütungsvorschrift gilt für Flurförderzeuge einschließlich ihrer Anhänger.

(2) Diese Unfallverhütungsvorschrift gilt nicht für Flurförderzeuge mit durch Muskelkraft bewegtem Fahrwerk ohne Hubeinrichtung.

II. Begriffsbestimmungen

§ 2 Begriffsbestimmungen

(1) **Flurförderzeuge** im Sinne dieser Unfallverhütungsvorschrift sind Fördermittel, die ihrer Bauart nach dadurch gekennzeichnet sind, dass sie

1. mit Rädern auf Flur laufen und frei lenkbar,
2. zum Befördern, Ziehen oder Schieben von Lasten eingerichtet und
3. zur innerbetrieblichen Verwendung bestimmt sind.

(2) **Flurförderzeuge mit Hubeinrichtung** im Sinne dieser Unfallverhütungsvorschrift sind zusätzlich zu Absatz 1 dadurch gekennzeichnet, dass sie

1. zum Heben, Stapeln oder In-Regale-Einlagern von Lasten eingerichtet sind
und
2. Lasten selbst aufnehmen und absetzen können.

(3) **Flurförderzeuge mit Hubeinrichtung, die die Last oder das Lastaufnahmemittel höher als bodenfrei heben können**, im Sinne dieser Unfallverhütungsvorschrift sind zusätzlich zu Absatz 1 dadurch gekennzeichnet, dass das Lastaufnahmemittel bei der Hub- und Senkbewegung in einer geraden und senkrechten oder nahezu senkrechten mechanischen Führung läuft.

(4) **Mitgänger-Flurförderzeuge** im Sinne dieser Unfallverhütungsvorschrift sind Flurförderzeuge, die durch einen mitgehenden Fahrer gesteuert werden.

(5) **Regalstapler** im Sinne dieser Unfallverhütungsvorschrift sind Seitenstapler, Dreiseitenstapler und Quergabelstapler, die zum Ein- oder Auslagern ganzer Ladeeinheiten eingerichtet sind.

(6) **Kommissionierstapler** im Sinne dieser Unfallverhütungsvorschrift sind Flurförderzeuge mit einem höher als 1,2 m über Flur hebbaren Standplatz für den Kommissionierer.

(7) **Kommissioniergeräte** im Sinne dieser Unfallverhütungsvorschrift sind Flurförderzeuge ohne Standplatz oder mit nicht hebbarem Standplatz oder mit einem bis 1,2 m über Flur hebbaren Standplatz für den Kommissionierer.

(8) **Schmalgänge** im Sinne dieser Unfallverhütungsvorschrift sind Verkehrswege für Flurförderzeuge in Regalanlagen ohne beidseitigem Sicherheitsabstand von jeweils mindestens 0,50 m zwischen den am weitesten ausladenden Teilen der Flurförderzeuge einschließlich ihrer Last und festen Teilen der Umgebung.

(9) **Kriechgeschwindigkeit** im Sinne dieser Unfallverhütungsvorschrift ist eine Geschwindigkeit bis 2,5 km/h.

(10) **Bodenfrei Heben** im Sinne dieser Unfallverhütungsvorschrift ist ein Anheben der Last oder des Lastaufnahmemittels bis 0,50 m über Flur.

(11) **Fahrer** im Sinne dieser Unfallverhütungsvorschrift sind Personen, die Flurförderzeuge steuern.

(12) **Anhänger** im Sinne dieser Unfallverhütungsvorschrift sind Fördermittel ohne eigenen Antrieb, die so eingerichtet

sind, dass sie bestimmungsgemäß an Flurförderzeuge angekoppelt werden können.

III.
Beschaffenheit

§ 3
Beschaffenheit

(1) Für Flurförderzeuge gelten die Beschaffenheitsanforderungen gemäß § 2 der Maschinenverordnung. Der Unternehmer darf Flurförderzeuge erstmals nur in Betrieb nehmen, wenn die Voraussetzungen der §§ 3 und 4 der Maschinenverordnung erfüllt sind.

(2) Absatz 1 gilt nicht für

1. Flurförderzeuge, die den Anforderungen des § 3 der UVV „Kraftbetriebene Flurförderzeuge“ (VBG 12b) vom 1. Januar 1989 entsprechen und bis zum 31. Dezember 1995 in den Verkehr gebracht worden sind,
2. sonstige Flurförderzeuge, die den Anforderungen des § 3 Abs. 1 und der §§ 4 bis 19 der UVV „Flurförderzeuge“ (VBG 12a) vom 1. Januar 1957 in der Fassung vom 1. Januar 1993 entsprechen und bis zum 31. Dezember 1994 in den Verkehr gebracht worden sind.

(3) Der Unternehmer darf Flurförderzeuge nur betreiben, wenn sie den Beschaffenheitsanforderungen der Maschinenverordnung entsprechen. Dies gilt nicht für Flurförderzeuge nach Absatz 2.

(4) Der Unternehmer hat dafür zu sorgen, dass Flurförderzeuge nach Absatz 2 spätestens am 1. Januar 1997 mindestens den Anforderungen der Richtlinie des Rates vom 30. November 1989 über Mindestvorschriften für Sicherheit und Gesundheitsschutz bei Benutzung von Arbeitsmitteln durch Arbeitnehmer bei der Arbeit (89/655/EWG) entsprechen.

IV.
Betrieb

A.
Gemeinsame Bestimmungen

§ 4
Allgemeines

Soweit nichts anderes bestimmt ist, richten sich die Bestimmungen dieses Abschnittes IV an Unternehmer und Versicherte.

§ 5
Betriebsanweisung

(1) Der Unternehmer hat für den Betrieb von Flurförderzeugen eine Betriebsanweisung in schriftlicher Form zu erstellen.

(2) Der Unternehmer hat die Betriebsanweisung in verständlicher Form und Sprache abzufassen und an geeigneter Stelle in der Arbeitsstätte bekannt zu machen.

(3) Der Unternehmer hat dafür zu sorgen, dass die Betriebsanweisung beachtet wird.

(4) Die Versicherten haben die Betriebsanweisung zu beachten.

§ 6
Bestimmungsgemäße Verwendung

Flurförderzeuge dürfen nur bestimmungsgemäß verwendet werden.

§ 7
Auftrag zum Steuern von Flurförderzeugen

(1) Der Unternehmer darf mit dem selbstständigen Steuern von Flurförderzeugen mit Fahrersitz oder Fahrerstand Personen nur beauftragen, die

1. mindestens 18 Jahre alt sind,
2. für diese Tätigkeit geeignet und ausgebildet sind
und
3. ihre Befähigung nachgewiesen haben.

Der Auftrag muss schriftlich erteilt werden.

(2) Der Unternehmer darf mit dem Steuern von Mitgänger-Flurförderzeugen nur Personen beauftragen, die geeignet und in der Handhabung unterwiesen sind.

(3) Versicherte dürfen Flurförderzeuge nur steuern, wenn sie vom Unternehmer damit beauftragt sind.

§ 8
Standsicherheit

Flurförderzeuge müssen so betrieben werden, dass die Standsicherheit erhalten bleibt.

§ 9
Mängel

(1) Der Fahrer hat Flurförderzeuge täglich vor Einsatzbeginn auf erkennbare Mängel hin zu prüfen und während des Betriebes auf Mängel hin zu beobachten. Er darf Flurförderzeuge, an denen Mängel, die die Sicherheit beeinträchtigen, erkannt worden sind, nicht in Betrieb setzen oder weiter benutzen. Er hat erkannte Mängel dem Unternehmer umgehend zu melden.

(2) Der Unternehmer hat dafür zu sorgen, dass Mängel, die die Sicherheit beeinträchtigen, vor dem Weiterbetrieb des Flurförderzeuges behoben werden.

§ 10
Instandsetzungsarbeiten

(1) Der Unternehmer darf mit Instandsetzungsarbeiten an Flurförderzeugen nur fachkundige Personen beauftragen.

(2) Unter dem angehobenen Lastaufnahmemittel und dem angehobenen Fahrer- oder Bedienplatz von Flurförderzeugen dürfen Instandsetzungsarbeiten nur durchgeführt werden, wenn das Lastaufnahmemittel bzw. der Fahrer- oder Bedienplatz zusätzlich gegen unbeabsichtigtes Absinken gesichert ist.

§ 11
Beladung

(1) Flurförderzeuge und ihre Anhänger dürfen nicht überlastet werden.

(2) Flurförderzeuge und ihre Anhänger müssen so beladen werden, dass die Last nicht herabfallen oder sich unbeabsichtigt verschieben kann.

(3) Flurförderzeuge dürfen für den Transport von Kleinteilen, die auf den Fahrer herabfallen können, nur benutzt werden, wenn sie mit einem Lastschutzgitter ausgerüstet sind.

§ 12
Fahren

(1) Flurförderzeuge dürfen nur verfahren werden, wenn der Fahrer ausreichende Sicht auf die Fahrbahn hat oder eingewiesen wird.

(2) Flurförderzeuge dürfen nur mit an die Fahrbahnverhältnisse angepasster Geschwindigkeit verfahren werden.

(3) Mit höher als bodenfrei angehobenem Lastaufnahmemittel oder höher als bodenfrei angehobener Last darf nur zum Aufnehmen und Absetzen der Last verfahren werden.

(4) Abweichend von Absatz 3 darf der Unternehmer Flurförderzeuge zum Verfahren mit höher als bodenfrei angehobener Last einsetzen, wenn

1. der Hersteller oder Lieferer dies als bestimmungsgemäße Verwendung vorgesehen hat und die Vorgaben für diese Art der Verwendung mit den örtlichen Betriebsbedingungen vereinbar sind
   oder
2. eine ausreichende Standsicherheit unter den örtlichen Betriebsbedingungen durch ein Sachverständigengutachten nachgewiesen ist.

(5) Abweichend von Absatz 3 dürfen Versicherte nur solche Flurförderzeuge mit höher als bodenfrei angehobener Last verfahren, die der Unternehmer hierfür bestimmt hat.

(6) Flurförderzeuge mit Hubmast-Neigeeinrichtung müssen mit zurückgeneigtem Hubmast verfahren werden, soweit dies erforderlich ist, um ein unbeabsichtigtes Bewegen der Last zu vermeiden.

(7) Beim Befahren von Gefällen und Steigungen mit Gabelstaplern muss die Last bergseitig geführt werden.

(8) Flurförderzeuge mit motorkraftbetriebenem Fahrwerk dürfen auf nicht ausreichend beleuchteten Verkehrswegen nur eingesetzt werden, wenn sie mit einer ausreichenden Beleuchtungseinrichtung ausgerüstet sind und diese eingeschaltet ist.

§ 13
Aufnehmen, Absetzen und Stapeln von Lasten

(1) Bei Flurförderzeugen mit Hubmast-Neigeeinrichtung darf der Hubmast nur zum Aufnehmen und Absetzen der Last nach vorne geneigt werden.

(2) Lasten dürfen nur auf geeigneter Unterlage, die ausreichend tragfähig und standsicher ist, abgesetzt werden.

(3) Lasten, die nicht ordnungsgemäß gepackt sind oder sich verschoben haben, sowie Ladeeinheiten mit beschädigten Paletten oder beschädigten Stapelbehältern dürfen nicht gestapelt oder auf höher gelegenen Stellen abgesetzt werden.

(4) Lasten, die auf den Fahrer herabfallen können, dürfen mit Flurförderzeugen höher als 1,80 m über Flur nur aufgenommen oder abgesetzt werden, wenn sie mit einem Fahrerschutzdach ausgerüstet sind; dies gilt für Flurförderzeuge mit Fahrersitz oder Fahrerstand.

(5) Lasten dürfen nicht in Verkehrs- und Fluchtwegen, nicht vor Sicherheitseinrichtungen und nicht vor Betriebseinrichtungen, die jederzeit zugänglich sein müssen, abgestellt werden.

§ 14
Befördern von Flurförderzeugen in Aufzügen

(1) Der Unternehmer hat dafür zu sorgen, dass Flurförderzeuge in Aufzügen nur befördert werden, wenn der Aufzug hierfür geeignet ist.

(2) Versicherte dürfen Flurförderzeuge nur in Aufzügen befördern, die vom Unternehmer hierfür freigegeben sind.

(3) Flurförderzeuge dürfen in Aufzügen mit nicht allseitig geschlossenem Fahrkorb nur befördert werden, wenn sichergestellt ist, dass das Flurförderzeug einschließlich der Last nicht am Fahrschacht anstoßen oder hängen bleiben kann.

(4) Der Fahrer hat bei der Ein- und Ausfahrt in bzw. aus dem Fahrkorb darauf zu achten, dass sich keine Personen im Fahrkorb aufhalten.

§ 15
Verlassen des Flurförderzeuges

(1) Der Fahrer hat vor dem Verlassen des Flurförderzeuges dafür zu sorgen, dass dieses kein Hindernis auf Verkehrs- und Fluchtwegen bildet und dass Zugänge zu Sicherheitseinrichtungen und zu Betriebseinrichtungen, die jederzeit erreichbar sein müssen, zugänglich bleiben. Er hat ferner

1. die Feststellbremse zu betätigen,
2. das Lastaufnahmemittel in die tiefste Stellung zu fahren,
3. bei Flurförderzeugen mit Hubmast-Neigeeinrichtung die Gabel mit den Spitzen nach unten zu neigen,
4. den Antriebsmotor abzustellen und
5. das Flurförderzeug gegen unbefugte Benutzung zu sichern.

(2) Absatz 1 Nr. 2 bis 5 gelten nicht bei nur kurzzeitigem Verlassen des Flurförderzeuges, sofern sich der Fahrer in unmittelbarer Nähe des Flurförderzeuges aufhält.

(3) Flurförderzeuge dürfen nicht auf geneigten Flächen abgestellt werden. Lässt sich dies nicht vermeiden, müssen sie zusätzlich durch Unterlegkeile gesichert werden.

§ 16
Verhalten während des Betriebes

(1) Der Fahrer darf Flurförderzeuge nur von den bestimmungsgemäß vorgesehenen Steuerplätzen aus steuern. Er hat bei allen Bewegungen des Flurförderzeuges darauf zu achten, dass Versicherte nicht gefährdet werden.

(2) Versicherte haben auf den Flurförderzeugverkehr zu achten. Sie haben sich aus Bereichen, in denen Lasten aufgenommen oder abgesetzt werden, fernzuhalten.

Lässt sich dies nicht vermeiden, haben sie sich mit den Fahrern vorher zu verständigen.

(3) Versicherte dürfen nur bei stillstehendem Flurförderzeug auf- oder absteigen.

(4) Versicherte dürfen nicht

1. sich auf der Last, unter der angehobenen Last, dem angehobenen Lastaufnahmemittel oder dem angehobenen Fahrer- oder Bedienplatz aufhalten,
2. das angehobene Lastaufnahmemittel betreten, sofern es hierfür nicht eingerichtet ist,
3. auf dem Flurförderzeug mitfahren, sofern es hierfür nicht eingerichtet ist.

§ 17
Be- und Entladen von Fahrzeugen und Wechselaufbauten

(1) Fahrzeuge dürfen mit Flurförderzeugen nur be- oder entladen werden, wenn das Fahrzeug gegen Rollen, erforderlichenfalls auch gegen Kippen, gesichert ist.

(2) Der Unternehmer hat dafür zu sorgen, dass abgestellte Wechselaufbauten mit Flurförderzeugen zum Be- oder Entladen nur befahren werden, wenn

1. sie für die hierbei auftretenden statischen und dynamischen Belastungen ausgelegt sind,
2. sie gegen Kippen gesichert sind und
3. die Abstellfläche ausreichend tragfähig ist.

(3) Der Unternehmer hat dafür zu sorgen, dass sich der Fahrer des Flurförderzeuges oder der Aufsichtführende und der Fahrer des Fahrzeuges, das be- oder entladen werden soll, hinsichtlich des Arbeitsablaufes vorher verständigen.

§ 18
Flüssiggasantrieb

Flurförderzeuge mit Flüssiggasantrieb dürfen in Räumen nur abgestellt werden, wenn diese über Erdgleiche liegen und ausreichend durchlüftet sind. Sie dürfen nicht in der Nähe von Öffnungen zu Räumen unter Erdgleiche abgestellt werden.

§ 19
Einsatz im Freien

Der Unternehmer hat dafür zu sorgen, dass die Fahrer von Flurförderzeugen mit Fahrersitz durch geeignete Einrichtungen an den Flurförderzeugen gegen Witterungseinflüsse geschützt sind, wenn die Flurförderzeuge nicht nur gelegentlich zu Arbeiten im Freien eingesetzt werden.

§ 20
Einsatz in feuer- und explosionsgefährdeten Bereichen

(1) Der Unternehmer darf in feuergefährdeten Bereichen Flurförderzeuge mit Verbrennungsmotor nur einsetzen, wenn von diesen keine Brandgefahr ausgeht.

(2) Der Unternehmer darf in explosionsgefährdeten Bereichen nur explosionsgeschützte Flurförderzeuge einsetzen.

(3) Ist sichergestellt, dass während des Einsatzes der Flurförderzeuge keine explosionsfähige Atmosphäre vorhanden ist und nicht entstehen kann, darf der Unternehmer auch andere Flurförderzeuge einsetzen, wenn er deren Einsatz in einer schriftlichen Anweisung geregelt hat.

(4) Unter den Voraussetzungen des Absatzes 3 dürfen Fahrer von Flurförderzeugen explosionsgefährdete Bereiche nur befahren, wenn der Unternehmer hierzu einen schriftlichen Auftrag erteilt hat.

§ 21
Abgase

Flurförderzeuge mit Verbrennungsmotor dürfen in ganz oder teilweise geschlossenen Räumen nur betrieben werden, wenn in der Atemluft keine gefährlichen Konzentrationen gesundheitsschädlicher Abgasbestandteile entstehen können.

B.
Besondere Bestimmungen für den Betrieb von Flurförderzeugen besonderer Bauart

§ 22
Flurförderzeuge mit hebbarem Fahrer- oder Bedienplatz

(1) Auf Flurförderzeugen mit hebbarem Fahrer- oder Bedienplatz darf nur die zulässige Zahl von Personen mitfahren.

(2) Mit dem Lastaufnahmemittel aufgenommene Paletten dürfen nur betreten werden, wenn die Palette gegen Verschieben und Kippen gesichert ist. Besteht auf den angehobenen Paletten Absturzgefahr, dürfen diese nur betreten werden, wenn außerdem Absturzsicherungen vorhanden sind und benutzt werden.

§ 23
Flurförderzeuge mit Anbaugeräten

(1) Der Unternehmer darf Flurförderzeuge mit Anbaugeräten nur einsetzen, wenn Anbaugerät und Flurförderzeug aufeinander abgestimmt sind.

(2) Der Fahrer hat sich vor der Verwendung eines Anbaugerätes zu vergewissern, dass das Anbaugerät bestimmungsgemäß befestigt und angeschlossen ist.

(3) Der Fahrer hat darauf zu achten, dass die Tragfähigkeit des Anbaugerätes und die Tragfähigkeit des Flurförderzeuges nicht überschritten werden.

§ 24
Flurförderzeuge zum Verfahren von Anhängern

(1) Der Unternehmer hat dafür zu sorgen, dass mit Flurförderzeugen Anhänger nur verfahren werden, wenn Flurförderzeug und Anhänger hierfür eingerichtet sind und der Zug bei allen Fahrbewegungen sicher gebremst werden kann.

(2) Der Unternehmer hat die für den Einsatzort zulässige Anhängelast festzustellen und den Fahrern bekannt zu geben.

(3) Die zulässige Anhängelast darf nicht überschritten werden.

(4) Der Fahrer hat sich vor Fahrtbeginn zu vergewissern, dass die Anhänger ordnungsgemäß gekuppelt sind.

C.
Besondere Bestimmungen für die Mitnahme von Versicherten

§ 25
Mitnahme von Versicherten

(1) Der Unternehmer hat, sofern die Mitnahme von Versicherten im Betrieb zulässig sein soll, Flurförderzeuge zur Verfügung zu stellen, die hierfür mit besonderen Sitz- oder Standplätzen sowie mit Haltegriffen innerhalb der Kontur des Flurförderzeuges ausgerüstet sind. Er darf Flurförderzeuge, deren bauartbedingte Höchstgeschwindigkeit 16 km/h überschreitet, nicht für die Mitnahme von Versicherten auf Standplätzen einsetzen.

(2) Der Unternehmer hat die Mitnahme von Versicherten auf Flurförderzeugen in der Betriebsanweisung zu regeln. Sie ist auf das notwendige Maß zu beschränken.

(3) Versicherte dürfen auf Flurförderzeugen nur mitfahren, wenn diese den Anforderungen nach Absatz 1 entsprechen und der Unternehmer sie für das Mitfahren nach Absatz 2 zur Verfügung gestellt hat.

(4) Der Fahrer darf erst anfahren, wenn die mitzunehmenden Versicherten die bestimmungsgemäß vorgesehenen Plätze eingenommen haben.

(5) Der Fahrer darf Versicherte nicht mitnehmen, wenn diese durch die Ladung gefährdet sind.

(6) Mitfahrende Versicherte haben die Haltegriffe zu benutzen.

D.
Besondere Bestimmungen für den Einsatz von Flurförderzeugen mit Arbeitsbühnen

§ 26
Einsatz von Flurförderzeugen mit Arbeitsbühnen

(1) Der Unternehmer hat, sofern Versicherte mit der Hubeinrichtung von Flurförderzeugen zu Arbeiten an hoch gelegenen Stellen auf- oder abwärtsfahren sollen, Flurförderzeuge mit ausreichender Tragfähigkeit und einer Arbeitsbühne zur Verfügung zu stellen, bei der die Versicherten gegen Absturz sowie gegen Quetsch- und Schergefahren durch die Hubeinrichtung geschützt sind.

(2) Sollen Versicherte mit der Hubeinrichtung von Flurförderzeugen zu Arbeiten an Regalen oder in Schmalgängen von Regalanlagen auf- oder abwärtsfahren, hat der Unternehmer Arbeitsbühnen nach Absatz 1 bereitzustellen, bei denen die Versicherten außerdem gegen Quetsch- und Schergefahren zwischen Arbeitsbühne und Regal geschützt sind.

(3) Der Unternehmer darf Flurförderzeuge mit Arbeitsbühne nur einsetzen, wenn zwischen dem Fahrer und den Personen auf der Arbeitsbühne eine einwandfreie Verständigungsmöglichkeit besteht.

(4) Arbeitsbühnen mit Umwehrungen aus Seilen oder Ketten als Absturzsicherung dürfen nicht verwendet werden.

(5) Der Standplatz auf der Arbeitsbühne darf nicht mit Hilfsmitteln erhöht werden.

(6) Der Fahrer darf Versicherte mit der Arbeitsbühne erst auf- oder abwärtsfahren, wenn die Arbeitsbühne sicher befestigt und die Umwehrung ordnungsgemäß geschlossen ist.

(7) Der Fahrer darf seinen Platz auf dem Flurförderzeug bei hochgefahrener Arbeitsbühne nicht verlassen.

(8) Der Fahrer darf das Flurförderzeug mit besetzter Arbeitsbühne nicht verfahren. Dies gilt nicht

1. für Fahrbewegungen zur Feinpositionierung an der Einsatzstelle,
2. für das Verfahren mit nicht höher als bodenfrei angehobener Arbeitsbühne, sofern ein Haltegriff innerhalb der Kontur der Arbeitsbühne vorhanden ist und die bauartbedingte Höchstgeschwindigkeit des Flurförderzeuges 16 km/h nicht überschreitet,
3. für Regal- und Kommissionierstapler, die in Regalgängen bestimmungsgemäß mit angehobener Last verfahren werden dürfen.

(9) Versicherte auf der Arbeitsbühne dürfen sich während der Hub-, Senk- und Fahrbewegungen nicht über die Arbeitsbühne hinausbeugen oder über diese hinausgreifen.

(10) Vom Unternehmer für die Verständigung zur Verfügung gestellte technische Einrichtungen sind im Bedarfsfall zu benutzen.

E.
Besondere Bestimmungen für den Transport hängender Lasten

§ 27
Transport hängender Lasten

(1) Der Unternehmer darf Flurförderzeuge zum Verfahren hängender Lasten nur einsetzen, wenn

1. der Hersteller oder Lieferer dies als bestimmungsgemäße Verwendung vorgesehen hat und die Vorgaben der bestimmungsgemäßen Verwendung mit den örtlichen Betriebsbedingungen vereinbar sind
   oder
2. eine ausreichende Standsicherheit unter den örtlichen Betriebsbedingungen durch ein Sachverständigengutachten nachgewiesen ist.

(2) Hängende Lasten dürfen am Flurförderzeug nur so angeschlagen werden, dass sich das Anschlagmittel nicht unbeabsichtigt verschieben oder lösen kann und nicht beschädigt wird.

(3) Der Fahrer hat darauf zu achten, dass sich Versicherte, die hängende Lasten während der Fahrbewegung führen, außerhalb der Fahrspur des Flurförderzeuges und – in Fahrtrichtung gesehen – nicht vor der Last aufhalten. Er hat Versicherte, die die Lasten während der Fahrbewegung führen, zu beobachten.

(4) Der Fahrer hat darauf zu achten, dass durch pendelnde Lasten Versicherte nicht gefährdet werden.

(5) Versicherte, die hängende Lasten während der Fahrbewegung führen, dürfen sich nicht innerhalb der Fahrspur des Flurförderzeuges und – in Fahrtrichtung gesehen – nicht vor der Last aufhalten.

(6) Der Unternehmer hat Hilfsmittel, die das Führen pendelnder Lasten ermöglichen, zur Verfügung zu stellen. Die Versicherten haben die Hilfsmittel zu benutzen.

F. Besondere Bestimmungen für den Betrieb von Flurförderzeugen in Schmalgängen

§ 28 Zugangssicherung an Schmalgängen

(1) Der Unternehmer darf Regal- und Kommissionierstapler in Schmalgängen nur einsetzen, wenn durch bauliche oder technische Maßnahmen dem gleichzeitigen Aufenthalt von Fußgängern in den Schmalgängen entgegengewirkt ist.

(2) Maßnahmen nach Absatz 1 sind nicht erforderlich, wenn die Regal- und Kommissionierstapler so beschaffen sind, dass bei allen Gerätebewegungen im Schmalgang einer Gefährdung von Fußgängern entgegengewirkt ist.

§ 29 Fluchtwege, Notausgänge

(1) Der Unternehmer darf Flurförderzeuge in Schmalgängen nur einsetzen, wenn die Regalanlage so gestaltet und der Betrieb in den Schmalgängen so geregelt ist, dass die Versicherten die Schmalgänge im Gefahrfall ohne Behinderung verlassen können.

(2) Der Unternehmer hat dafür zu sorgen, dass Regalanlagen – ausgenommen im Notfall – nicht durch Notausgänge betreten werden können. Dies gilt nicht, sofern die Notausgänge entsprechend § 28 Abs. 1 gesichert sind.

(3) Der Unternehmer hat dafür zu sorgen, dass Quergänge, die ausschließlich als Fluchtweg aus der Regalanlage bestimmt sind, nicht als Verkehrswege benutzt werden.

§ 30 Quergänge

(1) Der Unternehmer darf Regal- oder Kommissionierstapler in Schmalgängen, die von Quergängen gekreuzt werden, nicht einsetzen.

(2) Absatz 1 gilt nicht für Quergänge, die ausschließlich als Fluchtwege dienen, wenn bauliche oder technische Maßnahmen getroffen sind, die einer Gefährdung von Versicherten beim Queren der Schmalgänge entgegenwirken.

§ 31 Abstandshaltung

Der Unternehmer darf in einem Schmalgang nur dann mehr als einen Regal- oder Kommissionierstapler gleichzeitig einsetzen, wenn durch selbsttätig wirkende Einrichtungen einem Zusammenstoßen der Geräte entgegengewirkt ist.

§ 32 Kennzeichnung von Zugangsverboten

Der Unternehmer hat Zugangsverbote für Fußgänger kenntlich zu machen.

§ 33 Aufenthalt von Fußgängern

(1) Der Unternehmer hat Versicherte, die Schmalgänge zu Lager- oder Nebenarbeiten aus betrieblichen Gründen betreten müssen, hiermit zu beauftragen.

(2) Versicherte dürfen Schmalgänge nur zu Lager- oder Nebenarbeiten betreten und nur, wenn sie vom Unternehmer hiermit beauftragt sind.

(3) Versicherte dürfen Schmalgänge zu Lagerarbeiten erst betreten, wenn sich keine Regal- oder Kommissionierstapler im Schmalgang befinden. Dies gilt nicht, sofern der gleichzeitige Aufenthalt von Regal- bzw Kommissionierstaplern mit Fußgängern im Schmalgang bestimmungsgemäß vorgesehen ist.

§ 34
Nebenarbeiten

(1) Der Unternehmer hat dafür zu sorgen, dass für Nebenarbeiten in Schmalgängen Einrichtungen vorhanden sind, mit denen die Schmalgänge gegen das Einfahren von Regal- oder Kommissionierstaplern gesperrt werden können. Er hat dafür zu sorgen, dass diese Einrichtungen gegen unbefugtes oder irrtümliches Entfernen gesichert werden können.

(2) Versicherte dürfen Schmalgänge zu Nebenarbeiten erst betreten, wenn

1. die Regal- und Kommissionierstapler den Schmalgang verlassen haben oder, sofern diese den Schmalgang betriebsbedingt nicht verlassen können, sicher stillgelegt sind
   und
2. der Schmalgang gegen das Einfahren von Regal- und Kommissionierstaplern durch Einrichtungen nach Absatz 1 gesperrt und diese Einrichtungen gegen unbefugtes oder irrtümliches Entfernen gesichert sind.

Diese Sperrung darf nur von einer vom Unternehmer ausdrücklich beauftragten Person wieder aufgehoben werden und auch erst dann, wenn die Versicherten den Schmalgang verlassen haben.

§ 35
Arbeiten mit Regal- und Kommissionierstaplern

(1) Mit Regal- und Kommissionierstaplern darf nicht in Schmalgänge eingefahren werden, in denen sich erkennbar Fußgänger aufhalten. Dies gilt nicht, wenn der gleichzeitige Aufenthalt von Regal- oder Kommissionierstaplern und Fußgängern im Schmalgang bestimmungsgemäß vorgesehen ist und am Regal- bzw. Kommissionierstapler selbsttätig wirkende Einrichtungen vorhanden sind, die gefahrbringende Bewegungen abschalten und rechtzeitig zum Stillstand bringen, wenn sich Personen im Gefahrbereich aufhalten.

(2) Schmalgänge dürfen mit angehobenem Lastaufnahmemittel oder angehobenem Fahrer- oder Bedienplatz nur befahren werden, wenn die Fahrbahn frei von Hindernissen und Vertiefungen ist.

(3) Lasten dürfen in den Regalen nur so abgesetzt werden, dass sie nicht in den Fahrbereich der Flurförderzeuge hineinragen.

(4) Beim Verfahren in Schmalgängen ist darauf zu achten, dass Regale und eingelagerte Lasten nicht angefahren werden.

(5) Aus Schmalgängen darf nur mit Kriechgeschwindigkeit herausgefahren werden und auch nur, wenn das Lastaufnahmemittel sowie der Fahrer- oder Bedienplatz nicht höher als bodenfrei angehoben sind. An Endstellungen von Sackgassen darf nur mit Kriechgeschwindigkeit herangefahren werden.

§ 36
Durchgangsverkehr

Der Unternehmer hat dafür zu sorgen, dass Schmalgänge nicht für den Durchgangsverkehr benutzt werden.

V.
Prüfung

§ 37
Wiederkehrende Prüfungen

(1) Der Unternehmer hat dafür zu sorgen, dass Flurförderzeuge, ihre Anbaugeräte sowie die nach dieser Unfallverhütungsvorschrift für den Betrieb von Flurförderzeugen in Schmalgängen erforderlichen Sicherheitseinrichtungen in Abständen von längstens einem Jahr durch einen Sachkundigen geprüft werden.

(2) Der Unternehmer hat dafür zu sorgen, dass die zum Betrieb von Flurför-

derzeugen in Schmalgängen erforderlichen Sicherheitseinrichtungen einer täglichen Funktionsprüfung unterzogen werden. Dies gilt nicht, sofern ein Ausfall der Sicherheitseinrichtung selbsttätig und für das Bedienungspersonal deutlich erkennbar angezeigt wird.

§ 38
Prüfumfang

Die wiederkehrenden Prüfungen müssen sich auf die Prüfung des Zustandes der Bauteile und Einrichtungen, auf Vollständigkeit und Wirksamkeit der Sicherheitseinrichtungen sowie auf Vollständigkeit des Prüfnachweises erstrecken.

§ 39
Prüfnachweis

(1) Der Unternehmer hat über die wiederkehrenden Prüfungen Nachweis zu führen. Der Prüfnachweis muss enthalten:

1. Datum und Umfang der Prüfung mit Angabe eventuell noch ausstehender Teilprüfungen,
2. Ergebnis der Prüfung mit Angabe der festgestellten Mängel,
3. Beurteilung, ob dem Weiterbetrieb Bedenken entgegenstehen,
4. Angaben über notwendige Nachprüfungen,
5. Name und Anschrift des Prüfers.

Bei Flurförderzeugen mit durch Muskelkraft bewegtem Fahrwerk braucht der Nachweis nur auf Verlangen der Berufsgenossenschaft oder der Arbeitsschutzbehörde geführt zu werden.

(2) Der Unternehmer hat dafür zu sorgen, dass die Beseitigung der bei der Prüfung festgestellten Mängel im Prüfnachweis vermerkt wird.

(3) Der Unternehmer hat dafür zu sorgen, dass die Prüfnachweise bei Bedarf eingesehen werden können.

VI.
Ordnungswidrigkeiten

§ 40
Ordnungswidrigkeiten

Ordnungswidrig im Sinne des § 209 Abs. 1 Nr. 1 Siebtes Buch Sozialgesetzbuch (SGB VII) handelt, wer vorsätzlich oder fahrlässig den Bestimmungen

- des § 3 Abs. 1 Satz 2,
- des § 4 in Verbindung mit
  § 5 Abs. 1 oder 2,
  § 7,
  § 9 Abs. 2,
  § 10 Abs. 2,
  § 11,
  § 12 Abs. 3 oder 7,
  § 13 Abs. 1, 3 bis 5,
  § 14 Abs. 2 oder 3,
  § 15 Abs. 1, 3 Satz 1,
  § 16 Abs. 1 Satz 1, Absatz 2 Satz 2, Absatz 3 oder 4,
  § 17 Abs. 1 oder 3,
  § 20 Abs. 1 oder 2,
  § 22,
  § 23 Abs. 2,
  § 24,
  § 25 Abs. 1, 2 Satz 1, Absatz 3, 4 oder 6,
  § 26 Abs. 1 bis 7, 8 Satz 1 oder Absatz 9,
  § 27 Abs. 1, 2, 5 oder 6,
  § 28 Abs. 1,
  §§ 29 bis 32,
  § 33 Abs. 1, 2 oder 3 Satz 1,
  § 34,
  § 35 Abs. 1 Satz 1, Absatz 2, 3 oder 5,
  oder
  § 36,
- der §§ 37, 38
  oder
  § 39 Abs. 1 Satz 1 oder 2, Absatz 2 oder 3

zuwiderhandelt.

VII.
Inkrafttreten

§ 41
Inkrafttreten

Diese Unfallverhütungsvorschrift tritt am 1. Januar 2011 in Kraft. Gleichzeitig treten die Unfallverhütungsvorschriften

- „Flurförderzeuge“ (BGV D27) der Bergbau-Berufsgenossenschaft vom 1. April 1996 in der Fassung vom 1. April 1998,
- „Flurförderzeuge“ (BGV D27) der Berufsgenossenschaft der chemi-

schen Industrie vom 1. April 1996 in der Fassung vom 1. Januar 1997,
- „Flurförderzeuge“ (BGV D27) der Lederindustrie-Berufsgenossenschaft vom 1. April 1996 in der Fassung vom 1. Januar 1997,
- „Flurförderzeuge“ (BGV D27) der Papiermacher-Berufsgenossenschaft vom 1. April 1996 in der Fassung vom 1. Januar 1997,
- „Flurförderzeuge“ (BGV D27) der Steinbruchs-Berufsgenossenschaft vom 1. April 1996 in der Fassung vom 1. Januar 1997 und
- „Flurförderzeuge“ (BGV D27) der Zucker-Berufsgenossenschaft vom 1. April 1996 in der Fassung vom 1. März 1997

außer Kraft.

Red. Hinweis: Die Anhänge 1 und 2 sind an dieser Stelle nicht wiedergegeben.

DGUV Vorschrift 81 – Schulen

vom Mai 2001

I. Geltungsbereich

§ 1 Geltungsbereich

(1) Diese Unfallverhütungsvorschrift gilt für die schülergerechte Gestaltung von baulichen Anlagen und Einrichtungen allgemein bildender Schulen, die Schülerinnen und Schülern bestimmungsgemäß zugänglich sind. Sie gilt ferner für vergleichbare bauliche Anlagen und Einrichtungen von beruflichen Schulen.

(2) Diese Unfallverhütungsvorschrift gilt nicht für

1. bauliche Anlagen und Einrichtungen von Schwimmbädern im Schulbereich,
2. den bühnentechnischen Teil von Szenenflächen in der Schule.

II. Begriffsbestimmungen

§ 2 Begriffsbestimmungen

(1) Bauliche Anlagen im Sinne dieser Unfallverhütungsvorschrift sind Gebäude und Bauteile der Schule einschließlich der baulichen Anlagen auf dem Außengelände.

(2) Einrichtungen im Sinne dieser Unfallverhütungsvorschrift sind Gegenstände zur funktionalen Ausstattung des Schulgebäudes und des Außengeländes.

(3) Aufenthaltsbereiche im Sinne dieser Unfallverhütungsvorschrift sind Flächen, die Schülerinnen und Schülern bestimmungsgemäß zugänglich sind.

(4) Fachräume im Sinne dieser Unfallverhütungsvorschrift sind Räume für den naturwissenschaftlichen Unterricht, den Werk-/Technikunterricht oder vergleichbar ausgestattete Räume einschließlich ihrer Vorbereitungs-, Sammlungs- und auch Lagerräume.

III. Allgemeine Ausführungs- und Gestaltungsgrundsätze

§ 3 Allgemeine Anforderungen

Der Unternehmer hat im Hinblick auf die Sicherheit der Schülerinnen und Schüler dafür zu sorgen, dass alle baulichen Anlagen und Einrichtungen der Schule nach den Bestimmungen dieses Abschnittes III errichtet, beschafft und in Stand gehalten werden.

§ 4 Auftragsvergabe

Erteilt der Unternehmer den Auftrag, bauliche Anlagen und Einrichtungen von Schulen zu planen, herzustellen oder zu ändern, hat er dem Auftragnehmer schriftlich aufzugeben, die in Abschnitt III genannten Bestimmungen zu beachten und einzuhalten.

§ 5 Böden

(1) Bodenbeläge müssen entsprechend der Eigenart der schulischen Nutzung rutschhemmend ausgeführt sein.

(2) In Aufenthaltsbereichen von Schülerinnen und Schülern sind Stolperstellen und grundsätzlich auch Einzelstufen zu vermeiden. Lassen sich Einzelstufen nicht vermeiden, müssen sie von angrenzenden Flächen deutlich unterschieden werden können.

(3) Zur Erhaltung der rutschhemmenden Eigenschaften von Bodenbelägen sind in Eingangsbereichen Maßnahmen zu treffen, die Schmutz und Nässe zurückhalten.

§ 6 Wände, Stützen

(1) Oberflächen von Wänden und Stützen sollen bis zu einer Höhe von 2,00 m ab Oberkante Standfläche so beschaffen

sein, dass Verletzungsgefahren durch unbeabsichtigtes Berühren verhindert werden. Können Verletzungsgefahren durch unbeabsichtigte Berührungen nicht vermieden werden, muss die verbleibende Gefährdung möglichst gering gehalten werden.

(2) Ecken und Kanten von Wänden und Stützen dürfen bis zu einer Höhe von 2,00 m ab Oberkante Standfläche nicht scharfkantig ausgeführt sein.

§ 7
Verglasungen und lichtdurchlässige Flächen

(1) In Aufenthaltsbereichen von Schülerinnen und Schülern müssen Verglasungen und sonstige lichtdurchlässige Flächen bis zu einer Höhe von 2,00 m ab Oberkante Standfläche aus bruchsicheren Werkstoffen bestehen oder ausreichend abgeschirmt sein.

(2) Verglasungen und sonstige lichtdurchlässige Flächen müssen für Schülerinnen und Schüler leicht und deutlich erkennbar sein.

§ 8
Umwehrungen

(1) Aufenthaltsbereiche für Schülerinnen und Schüler, die 0,30 m bis 1,00 m über einer anderen Fläche oder oberhalb von Sitzstufenanlagen liegen und bei denen Absturzgefahr besteht, müssen gesichert sein.

(2) Umwehrungen müssen entsprechend der schulischen Nutzung sicher gestaltet sein. Sie dürfen nicht zum Rutschen, Klettern, Aufsitzen und Ablegen von Gegenständen verleiten.

§ 9
Treppen, Rampen

(1) Treppen und Rampen müssen entsprechend der schulischen Nutzung sicher ausgeführt sein.

(2) An Treppen und Rampen sind an beiden Seiten Handläufe anzubringen, die im gesamten Verlauf für Schülerinnen und Schüler sicheren Halt bieten und an denen ein Hängenbleiben ausgeschlossen ist.

§ 10
Türen, Fenster

(1) Türen zu Räumen müssen so angeordnet sein, dass Schülerinnen und Schüler durch nach außen aufschlagende Türflügel nicht gefährdet werden.

(2) Fenster müssen so gestaltet sein, dass sie beim Öffnen und Schließen sowie in geöffnetem Zustand Schülerinnen und Schüler nicht gefährden.

(3) Griffe, Hebel und Schlösser müssen so beschaffen und angeordnet sein, dass durch bestimmungsgemäßen Gebrauch Gefährdungen für Schülerinnen und Schüler vermieden werden.

§ 11
Einrichtungsgegenstände

(1) Kanten, Ecken und Haken von Einrichtungsgegenständen in Aufenthaltsbereichen sind bis zu einer Höhe von 2,00 m ab Oberkante Standfläche so auszubilden oder zu sichern, dass Verletzungsgefahren für Schülerinnen und Schüler vermieden werden.

(2) Einrichtungsgegenstände sind so aufzustellen und bewegliche Teile von Einrichtungsgegenständen sind so zu gestalten, dass bei bestimmungsgemäßem Gebrauch keine Gefährdungen für Schülerinnen und Schüler entstehen.

(3) Schultafeln müssen sicher gestaltet, befestigt und aufgestellt sein.

(4) Für Schülerinnen und Schüler sind auf ihre Körpergröße abgestimmte Stühle und Tische bereitzustellen, die dem Stand der Technik entsprechen.

§ 12
Beleuchtung mit künstlichem Licht

Aufenthaltsbereiche in Gebäuden müssen entsprechend der schulischen Nutzung mit ausreichend künstlichem Licht zu beleuchten sein.

Außenanlagen – Zusätzliche Anforderungen

§ 13
Verkehrsgefährdungen

(1) Auf Pausenhofflächen ist sicherzustellen, dass Schülerinnen und Schüler während der Schulzeit durch Kraftfahrzeuge nicht gefährdet werden können.

(2) Ausgänge von Schulgrundstücken sind so zu gestalten, dass Schülerinnen und Schüler nicht direkt in den Straßenverkehr hineinlaufen können.

§ 14
Einrichtungen und Anlagen im Freien

(1) Einfriedungen sind so zu gestalten, dass Verletzungsgefahren für Schülerinnen und Schüler vermieden werden.

(2) Für das Abstellen von Fahrrädern auf dem Schulgelände müssen sichere Einrichtungen und Zugangswege vorgesehen werden.

(3) Bodenbeläge von Aufenthaltsbereichen im Freien müssen auch bei Nässe rutschhemmende Eigenschaften besitzen und so beschaffen sein, dass Verletzungen bei Stürzen möglichst vermieden werden.

(4) Notwendige Verkehrswege im Freien müssen ausreichend beleuchtet werden können.

(5) Wasseranlagen sind sicher zu gestalten und so anzulegen, dass die Gefahr des Hineinfallens von Schülerinnen und Schülern vermieden wird.

§ 15
Spielplatzgeräte

(1) Spielplatzgeräte müssen sicher gestaltet und aufgestellt sein. Das gilt auch für Kunstobjekte in Aufenthaltsbereichen, die zum Klettern und Spielen genutzt werden können.

(2) Der Boden im Sicherheitsbereich von Spielplatzgeräten muss so ausgeführt sein, dass Verletzungsgefahren vermindert werden.

§ 16
Haltestellen für Busse

Haltestellen für Busse auf Schulgrundstücken sind so anzulegen, dass Schülerinnen und Schüler durch fahrende Busse und andere Fahrzeuge nicht gefährdet werden können. Es müssen ausreichend bemessene Wartebereiche vorhanden sein.

Sportstätten – Zusätzliche Anforderungen

§ 17
Sportstättenbau

Sportstätten müssen nach dem Stand der Technik für den Sportstättenbau errichtet werden.

§ 18
Hallenstirnwände

Oberflächen von Hallenstirnwänden sind bis zu einer Höhe von 2,00 m ab Oberkante Sportboden so auszubilden, dass Verletzungsgefahren beim Aufprall von Schülerinnen und Schülern vermindert werden.

§ 19
Geräteraumtore

Geräteraumtore sind so zu gestalten, dass ihre Ausführung nicht zu Gefährdungen für Schülerinnen und Schüler führt und sie gefahrlos benutzt werden können.

§ 20
Wasch-, Dusch- und Umkleideräume

(1) Wasch- und Duschräume sowie unmittelbar damit in Verbindung stehende Umkleideräume, die von Schülerinnen und Schülern im Rahmen des Schulsports benutzt werden, sind mit Fußbodenbelägen auszustatten, die auch bei Nässe rutschhemmende Eigenschaften besitzen.

(2) Für Stromkreise mit Steckdosen in Wasch-, Dusch- und Umkleideräumen sind geeignete elektrische Schutzmaßnahmen gegen direktes und indirektes Berühren zu treffen.

Fachräume für naturwissenschaftlichen Unterricht, Werk-/ Technikunterricht und vergleichbar ausgestattete Räume – Zusätzliche Anforderungen

§ 21
Unbefugtes Betreten, Rettungswege

(1) Fachräume müssen gegen unbefugtes Betreten gesichert werden können.

(2) Für Fachräume mit erhöhter Brandgefahr müssen mindestens zwei sichere Fluchtmöglichkeiten vorhanden sein.

§ 22
Elektrische Anlagen und Gasversorgung

In Fachräumen mit Schülerübungstischen und/oder Vorführständen müssen elektrische Anlagen und Gasversorgungsanlagen nach dem für diesen Bereich geltenden Stand der Technik errichtet werden.

§ 23
Fußböden in Fachräumen

(1) Fußböden von Fachräumen, in denen mit gefährlichen Stoffen umgegangen wird, sind so auszuführen, dass ein Eindringen dieser Stoffe vermieden wird.

(2) In Fachräumen für Werk-/Technikunterricht muss die rutschhemmende Eigenschaft des Fußbodens auch bei Staubanfall wirksam bleiben.

§ 24
Materialtransport

Zwischen Unterrichtsräumen, Sammlungsräumen und Lagerräumen müssen Geräte und Materialien sicher transportiert werden können.

§ 25
Arbeitsplätze in Fachräumen

(1) In Unterrichtsräumen für naturwissenschaftlichen Unterricht sind geeignete Maßnahmen zu treffen, die Gefährdungen von Schülerinnen und Schülern bei Versuchen am Lehrerexperimentiertisch verhindern.

(2) Abstände von Schülerübungstischen oder zwischen Werkbänken sind so zu bemessen, dass Schülerinnen und Schüler sich bei praktischen Übungen und Arbeiten nicht gegenseitig behindern.

(3) Einrichtungsgegenstände mit fest installierten Leitungen für die Gas- und Elektroversorgung müssen gegen Abreißen der Leitungen gesichert sein.

(4) In Fachräumen für Informatik sind die Arbeitsplätze für Schülerinnen und Schüler nach dem Stand der Technik zu gestalten

§ 26
Gefahrstoffe

(1) In Fachräumen für naturwissenschaftlichen Unterricht, in denen bei Versuchen Gefahrstoffe in Form von Gasen, Dämpfen oder Stäuben frei werden, müssen diese wirksam abgeführt werden können.

(2) Gefahrstoffe müssen sicher aufbewahrt werden können.

(3) In Fachräumen für Werk-/Technikunterricht darf Holzstaub in gesundheitsgefährlichen Konzentrationen nicht auftreten; dies ist zum Schutz der Schülerinnen und Schüler durch geeignete Schutzmaßnahmen sicherzustellen.

(4) Für Brennöfen, die in Aufenthaltsbereichen von Schülerinnen und Schülern stehen, sind geeignete Maßnahmen gegen die Abgabe von Gefahrstoffen in die Raumluft zu treffen.

§ 27
Unbefugte Benutzung von Maschinen und Geräten

In Fachräumen müssen Maschinen und Geräte, an denen Schülerinnen und Schüler nicht beschäftigt werden dürfen oder deren Betreiben nur unter Anleitung und Aufsicht zugelassen ist, gegen unbefugte Benutzung gesichert werden können.

§ 28
Erste Hilfe

Der Unternehmer hat dafür zu sorgen, dass für eine wirksame Erste Hilfe für

Schülerinnen und Schüler die erforderlichen Einrichtungen in ausreichendem Umfang zur Verfügung stehen.

IV. Übergangsregelungen

§ 29 Übergangsregelungen

(1) Soweit beim Inkrafttreten dieser Unfallverhütungsvorschrift eine Einrichtung errichtet ist oder mit ihrer Errichtung begonnen worden ist und in dieser Unfallverhütungsvorschrift Anforderungen gestellt werden, die über die bisher gültigen Anforderungen hinausgehen, ist diese Unfallverhütungsvorschrift vorbehaltlich des Absatzes 2 nicht anzuwenden.

(2) Einrichtungen nach Absatz 1 müssen entsprechend dieser Unfallverhütungsvorschrift geändert werden, sofern

1. sie wesentlich erweitert oder umgebaut werden,
2. die Nutzung der Einrichtungen wesentlich geändert wird,
3. konkrete schulische Unfallschwerpunkte eine Gefahr für Leben oder Gesundheit der Schülerinnen und Schüler darstellen.

V. Inkrafttreten

§ 30 Inkrafttreten

Diese Unfallverhütungsvorschrift tritt am ersten Tage des Monats April oder des Monats Oktober in Kraft, der als Erster der Bekanntmachung folgt.

Anhang 1 Bezugsquellenverzeichnis

Nachstehend sind die Bezugsquellen der in den Durchführungsanweisungen aufgeführten Vorschriften und Regeln zusammengestellt:

1. Gesetze, Verordnungen

Bezugsquelle: Buchhandel oder Carl Heymanns Verlag KG, Luxemburger Straße 449, 50939 Köln

2. Unfallverhütungsvorschriften/Berufsgenossenschaftliche Vorschriften

Bezugsquelle: Schriften mit GUV-Nummer zu beziehen vom zuständigen Unfallversicherungsträger; Schriften mit BGV- bzw. VBG-Nummer zu beziehen vom Carl Heymanns Verlag KG, Luxemburger Straße 449, 50939 Köln

3. Regeln für Sicherheit und Gesundheitsschutz, Informationen, Richtlinien, Sicherheitsregeln, Merkblätter

Bezugsquelle: Schriften mit GUV-Nummer zu beziehen vom zuständigen Unfallversicherungsträger; Schriften mit BGR-/BGI-/BGG- bzw. ZH 1-Nummer zu beziehen vom Carl Heymanns Verlag KG, Luxemburger Straße 449, 50939 Köln

4. DIN-Normen/VDE-Bestimmungen

Bezugsquelle: Beuth Verlag GmbH, Burggrafenstraße 6, 10787 Berlin, bzw. VDE-Verlag GmbH, Bismarckstraße 33, 10625 Berlin

Stichwortverzeichnis